那 些 旅 行
教 我 的 事

◇作者 魚群

作者序　　　　　　　　　004

1 北歐篇　夢想，從來就不是嘴上說說

挪威‧史塔萬格
挪威，冒險旅程的序幕　008

挪威‧聖壇岩
奇石之巔　012

挪威‧米達爾
被相信的夢想　018

丹麥‧哥本哈根
鏡頭裡的人魚悲劇　023

瑞典‧斯德哥爾摩
穿越時光的魚湯滋味　026
標示中文的罐裝咖啡　029

2 中歐篇　旅行，花樣少年的奇幻漂流

德國‧布倫瑞克
點餐的勇氣　035
心裡的無形防線　039
異鄉人　041

德國‧黑森邦
神祕黑森林　044

法國‧巴黎
巴黎的流動饗宴　049

瑞士‧少女峰
實現夢想的三個瞬間　052

瑞士‧布萊恩茲
總有一天，或許會盼到奇蹟　056

3 南歐篇　相遇，在平湖驚濤的大千世界

義大利‧佛羅倫斯
曲目輪轉的完美瞬間　062

義大利‧五漁村
罷工落難記　065

義大利‧瓦倫納
絕對樂觀主義者　070

克羅埃西亞‧札達爾
浪跡天涯的旅人　074

克羅埃西亞‧十六湖國家公園
我⋯⋯會死在這裡嗎？　078

希臘‧梅特歐拉
無形的信仰魔力　084

希臘‧愛琴海
希望，永不消逝　088

希臘‧聖托里尼
靠近美好與永恆的數秒　092

CONTENTS

4 東歐篇 流浪，享受一場孤獨與自由

■ 奧地利‧維也納
露宿維也納　099

■ 奧地利‧哈爾施達特
湖區的冒險旅程　103

■ 奧地利‧聖沃夫崗
離別與牽絆　107

■ 捷克‧庫倫洛夫
欣賞之美　111

■ 捷克‧泰爾奇
紅豆泥的複雜滋味　115

■ 捷克‧布拉格
決定結局的一念之間　119

■ 匈牙利‧布達佩斯
萬千情緒裡的纖細共鳴　124
燉牛肉湯的幸福滋味　127
漁夫堡驚魂記　130

5 西歐篇 成長，一場癡迷不斷的旅程

■ 英國‧劍橋
嘆息橋頭的感嘆　137

■ 荷蘭‧風車村
享受著期待，就不算吃虧　144

■ 荷蘭‧羊角村
片刻的善良　149

■ 荷蘭‧阿姆斯特丹
加油聲，是最有價值的禮物　153

■ 比利時‧布魯塞爾
對幸運的戒慎恐懼　159
愛上一件事，需要一場意外　164
永保快樂的祕密　168

6 波羅的海篇 青春，海角天涯的浪漫逃亡

■ 愛沙尼亞‧塔林
一切，從簡單的問候開始　173
上天賜予的興趣　179

■ 拉脫維亞‧里加
藝術的因果邏輯　184

■ 立陶宛‧維爾紐斯
我們還是會為你禱告的　189
維爾紐斯的印度女子　193
謝謝妳在最後一刻出現　197

後記
永遠的風祭精神　202

作者序

謝謝你拿起這本書，誠摯地歡迎你來到我的世界。

在閱讀本書前，請至少要看到下方粗體字，否則閱讀時，你將陷入很大的困惑，因為，這不是一本「正常」的書。

先說明，這是一本旅行故事書，最大的特點是「每個篇章的故事，皆可獨立閱讀。」除了北歐挪威篇是「頭」，波羅的海立陶宛篇是「尾」，其餘篇章，並無特定時間次序，也沒有絕對的連貫性。你可以順著看、倒著看，甚至跳著看，都沒有關係。你可以隨時中斷，好奇的時候翻一翻，累的時候就休息，想滑手機就滑手機，我可以許諾你的是，當你在任何時候開啟這本書時，都能以最快的速度「進入狀況」。

你可以用任一種方式，組成任一種你喜歡的旅行，書裡的每一篇故事，都不是一定必須鑲嵌在某個位置的拼圖，而是一個個如碎塊般的小積木，你可以像組樂高一樣，先挑選你喜歡的積木，再按照你喜歡的方式，組成你喜歡的形狀。

很奇怪吧？

是的，但還請你去適應這種奇怪，因為我說過，這不是一本正常的書。

讀到這裡，若你很好奇，可以先隨意翻翻書裡任一章節，探索一番再回來這裡，也可以直接從這裡開始閱讀正文，全部看完以後再回來，繼續聽我說完。

接下來要和你聊的，是本書的「時間軸走向」以及「為什麼要這樣設定」。

你可能會覺得很奇怪，旅行一般來說都應該是連續的，怎麼可以跳著來呢？難道魚群旅行的方式比較特殊嗎？

要解答這個問題，得從我的身分說起，因為我當時是德國布倫瑞克科技大學（Technische Universität Braunschweig）的交換學生，而本書的所有旅行，大多數相當破碎（有的甚至很短），皆分散在學期開始前、學期中的空檔時間、旅遊週（學校會於學期間停課兩週，給學生自由使用，我們通稱為 excursion week），以及學期結束後。若按照真實情況，本書的時間軸是這樣發展的：北歐（從挪威啟程）→交換城市（德國布倫瑞克）→單點放射線旅行→交換城市（德國布倫瑞克）→波羅的海（立陶宛畫下句點）。至於為什麼要用「區域」分類，主要是當你想「正常一點」，想一路順順地、有條有理地閱讀到底時，可以比較清楚知道自己在哪裡，正往何處前進。

那你可能會好奇，魚群是「如何挑選放入書中的國家與城市的？」

因為我是布倫瑞克科技大學的交換學生，（布倫瑞克位於德國下薩森州（Niedersachsen）），只要手持學生證，我們可以免費搭乘全州內以及往北延伸至漢堡（Hamburg）的所有區間火車。州內的兩大城市：不萊梅（Bremen）與漢諾威（Hannover），再加上漢堡，這三個機場的廉價航空價格，決定了本書百分之八十以上的旅行城市。因為這三個機場是廉價航空的大本營，根據統計後的結果，平均單程飛行價格，大約只要臺幣一千三百元！

最後，向你介紹故事裡的兩位主要登場人物：**愛吃魚的阿喵以及愛吃肉的阿肉**。阿喵與阿肉和我一樣，都是布倫瑞克科技大學的交換學生。阿喵來自臺灣，阿肉來自泰國。交換期間，我們常聚在一起練習德文，不過除了修德文課以外，我們都還有各自要上的專業課程，所以只能偶爾結伴同行。三人的共同毛病是：都有點太喜歡自己了（俗稱自戀）。

若你正要開始閱讀，請記得，你可以隨時拋開「時間」與「空間」對你的束縛，用最輕鬆、最沒有壓力的方式，去享受沿途所有故事的悲歡與風景。前方已為你點好了燈，你可以跟魚群一起走，或自己在這萬千浪潮裡悠遊，只要你玩得開心，這片大海就值得存在，而我也會為了你，盡力守護這片大海。最後提醒，每當你感覺快要迷失在「不固定時間軸」的漩渦裡的時候，請一定要記得：**沿著地圖走。地圖，就是你最後的浮木。**

若你已經閱讀結束，也歡迎你隨時再次回來，或換另一種方式，再隨意組成另一場你更喜歡的旅行。請不要小瞧這些看似單純的小積木，我會讓它們在未來變得愈來愈多樣、愈來愈複雜、愈來愈有趣！到了那時，我會再次誠摯地邀請你，回到這片廣闊的海洋，再欣賞不同的視野與風光。

只要你曾經喜歡過這片大海，那麼這片大海，也會永遠期待你的歸來。

我們的旅程，未完待續。

北歐篇

夢想，從來就不是嘴上說說

挪威，冒險旅程的序幕

與挪威民宿老闆的相遇

　　旅行，可能是嚮往異國的風光，也可能是嚮往不同文化之間的碰撞，但最讓人懷念的，往往不是沿途的風景，而是在那片陌生的土地上，和我們有過交集的生命，因為他們的出現，才讓旅行變得更豐富、更不同。

　　來挪威旅行也有一段時間了，從卑爾根（Bergen）坐五個多小時的巴士到史塔萬格，長途移動讓身體有些疲憊，不過剛到的時候還是藏不住內心的喜悅，因為今天要住「挪威人的家」！

▲▶湯普森老闆的家雖然不大，但布置相當講究。

剛下巴士不久，遠方一位瘦瘦高高，蓄著大鬍子的男士面帶微笑，牽著一台腳踏車向我和阿喵揮手，仔細一看，原來是民宿老闆湯普森。因為擔心我們行李太多又找不到他家，特地出來帶路，並好心幫忙提行李，才一見面，馬上就感受到他滿滿的熱情！老闆年約四十五歲，已經退休了，有一片自己的植物園，偶爾會接待外國訪客，他旅行過許多國家，也喜歡分享自己的經歷，在他的談笑間，總散發著一股對生命的執著與熱愛；喜歡音樂的他，曾經是個街頭藝人，屋裡兩把吉他和櫃子裡滿滿的黑膠唱片都是他的珍藏，老闆準備了一壺薄荷茶，盛情地邀請我們一起下棋、彈琴，令人意外的是，老闆跳棋很強！我努力堵老闆的路好讓阿喵可以獲勝，但最後老闆還是贏了，每當他棋路被阻時，都會一邊大笑，一邊調侃擋他路的我實在很邪惡。

走在鋼索的過去

我一直以為挪威人總是不苟言笑，來到這裡，才真正感受到他們熱情的一面，即使生活在寒冷的北國，老闆還是能帶著微笑面對生活，我好喜歡這裡，喜歡屋裡的暖色調，以及清新的薄荷香（懸吊在天花板的植物是薄荷），品著老闆剛泡好的熱茶，伴隨老式唱片機發出的輕柔旋律，能夠來到挪威，並在當地民宿作客一晚，實在是得來不易的幸福。一年前，那個埋首努力的自己，或許也從未想過，在未來的某一天能來到遙遠的挪威，並享有接下來數個月的奇幻旅程吧！那天夜裡，我興奮地睡不著覺，於是便起身到廚房裝杯熱水喝。我走下樓，倒杯水，坐在餐桌旁，看著微弱的燈光，打在懸吊的薄荷葉上，露出一絲暗沉的蘊黃，我閉上眼睛，回想起了那段曾經走在鋼索的過去，才意識到此時的自己，真的非常幸運。

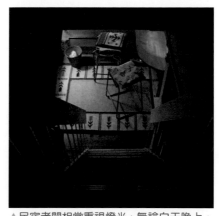

▲民宿老闆相當重視燈光，無論白天晚上，家裡都有種溫馨的感覺。

不顧一切代價去擁有！

還記得一年前，我嚮往出國旅行寫作，也希望能到外地念書，所以我選擇當交換學生。既然想當交換學生，勢必得要和其他同樣目標的學生競爭。但問題來了，我該拿什麼和人家競爭？

沒錯，英文！

所以我花時間拼了命念英文，還記得在大二上的時候，我幾乎放棄系上所有課業，日以繼夜地和英文拚搏，我之前英文實在很差，但當時完全不在意，心裡只想著要出國交換跟旅行寫作，為了能順利申請到理想的國家與學校，我告訴自己什麼都可以犧牲，什麼都可以！

就這樣，戰鬥持續了整整一年，英文大幅躍進，最後終於拿到了一個自認還算不錯的成績，可是那一年，我被死當了兩科，GPA（學期平均成績）比一年級少了整整一半，重點是當我拿到那個自認還不錯的英文成績時，是還沒開始開放申請交換學生的！換句話說，就算拿到好的英文成績，也只是讓自己「更有機會」申請到理想的學校而已，最後到底會不會申請成功，說真的，沒人敢保證。

那你可能會想，有沒有可能付出了這麼多代價，到最後沒申請上，結果變成課業、交換學生兩頭空？

「當然有可能。」

「難道你不怕嗎？」你問。

「代價這麼大，我當然會怕啊！可是比起害怕，有一件事對我而言更重要『我想知道自己，是不是真心喜歡寫作與旅行』」

「就算是這樣，也不值得你冒這麼大的風險吧？」

「沒錯，一個人光是喜歡一件事，確實沒什麼了不起，你會懷疑我的喜歡，我也會懷疑我的喜歡，所以我得證明給你看，也證明給自己看，證明我足夠喜歡這件事，而這件事，也值得我的足夠喜歡。甚至，它值得我不顧一切代價去擁有！」

「值得你不顧代價去擁有？那想必你要證明的事，肯定沒那麼簡單！除了單純的喜歡，一定還有什麼更重要的理由，對不對？」

在微弱的燈光下，思索著即將展開的旅程。

旅程的序幕

　　我將答案，緊緊握在掌心，緩緩睜開雙眼，那一刻，我捨不得關燈離開，坐在沙發上，仔細聆聽老式伴唱機發出的低沉旋律，茶水的熱氣輕輕蒸騰至鼻端，一次次閉眼、睜眼，在疲倦中不斷反芻著自己曾經的任性，我知道這場旅程才正要展開，而我相信這一切，只會變得越來越精彩而已。

北歐篇

奇石之巔
聖壇岩大挑戰

挪威有三大奇石：惡魔之舌、奇蹟岩、聖壇岩。

三月底來到挪威，冰雪未融，登山是非常危險的活動，除了聖壇岩開放攀爬，其餘兩座難度更高的奇蹟岩與惡魔之舌依舊對外封閉，但如果來到挪威，沒有一睹奇石風采，實在是人生一大憾事。雖然官網依舊註明「不建議攀爬」，但我和阿喵早已決心前往挑戰，這趟旅程，說實在的，驚險萬分。

從約爾珀蘭（Jørpeland）到聖壇岩登山口需要搭公車或計程車，可是因為此時還是淡季，公車資訊不足，雖然有動過搭計程車的念頭，但詢問後又因為價格昂貴而打退堂鼓，後來決定無論如何都要搭公車前往登山口，幸運的是當地司機會說英語，我和阿喵詢問某輛公車的司機，並跟他說我們要到聖壇岩，司機皺了皺眉頭，遲疑片刻，雖然起初不願意，但看我們兩人決意前往，還是指示我們上車，沒想到這個時候根本沒有公車前往聖壇岩，而這班公車，也不是開往聖壇岩的。

公車開到一半，突然在一處荒地停了下來。

「你們要去聖壇岩的話，請在這裡下車。」司機轉過頭來看著我們。

我張望一下四周，這裡完全不像登山口。

「這裡是聖壇岩的登山口嗎？」我皺皺眉頭表示懷疑。

「不是，因為現在是淡季，如果要前往聖壇岩，除非搭計程車，否則必須走一段路。」司機說完後，用手指了左邊那條看不到盡頭的山路，要我們往那個方向走。

　　「既然如此，那大概要走多久才會到登山口？」我追問司機。

　　「應該不會太久，前面的路只有一條，你們不會迷路的。」司機說完，放我們下車，淡定地向右邊那條道路駛去。我和阿喵迷茫地站在路中央，好像半路被丟棄的乘客，只能眼睜睜看著遠去的公車，漸漸消失於彎角。

阿喵一臉茫然，喃喃說道：「這裡，到底是什麼鬼地方？」

北歐篇

顛簸遙遠的旅程

　　我拿起手機導航，經確認後，不可置信地說：「從這裡到登山口有足足七公里！要走一個半小時才會到！」

　　「不會吧!?」阿喵相當震驚。

　　「是啊！趕快走吧，反正也回不了頭了，四周沒有站牌，沒有村莊，幸好我們提早出發，走快一點應該可以在中午以前趕到登山口。」我心想既然已經千里迢迢來到這裡，怎麼可以輕易離開。

　　「好，那就走吧。」

　　而這一走就耗去兩個小時，途中我們盡量保持沉默，因為肩上還扛著行李，就怕在抵達登山口前把水喝完，歷經兩小時的漫長跋涉，穿越一座小山頭，才好不容易抵達聖壇岩登山口。不過為了趕在天黑前下山，我們並沒有因此停下腳步，直接朝聖壇岩山頂邁進。

▲經過長途跋涉，總算抵達聖壇岩登山口。

如果是旺季來爬聖壇岩，老實說難度不高，可若是淡季，不僅難度大幅增加，也相對危險許多，起初認為這段路程還算安全，但是爬到半山腰，便完全理解為什麼開放時間只有短短幾個月了，除了冬季下雪很危險之外，融冰也會導致地面濕滑，登山客很容易失足摔落山谷。此外，為了方便使登山客辨識方位，碎石路上會用紅色油漆標示記號（T），可是在冰雪未融時，這些記號很容易被白雪覆蓋，即使我們有兩雙眼睛找尋記號，還是不小心迷路一次，實在難以用言語形容當時的恐懼，幸運的是在驚慌之際，湊巧聽見其他登山客說話的聲音從某個方向傳來，跟著聲音的引導，才幫助我們度過難關。

▲路上會有用紅色油漆標示辨識方位的「T」字型記號。

▲初春的聖壇岩還有許多融冰，景色格外迷人。

北歐篇

▲ ▶ 歷經種種意外與艱難，終於抵達聖壇岩最高點！

了無遺憾的感覺！

　　由於冰雪未融，一路上其實相當溼滑，我和阿喵沒有穿專業的雪鞋，也沒有在鞋子上綁雪鏈，雖然穿的登山鞋還算有一點止滑功用，但我還是在接近山頂時滑了一下，還記得在沒打滑前，我回頭望了一眼後方，沒有任何岩石及樹木的阻擋，身後大約只有十公尺的積雪斜坡，接著就看到山谷下的河水了，如果一個失足，很可能就因此掉下山谷，打滑那瞬間，我的雙腳瞬間使不上力，只能臨時用手撐住地面，即使沒有跌倒，卻早已冷汗直流，腦中一片空白，什麼話都說不出來，只是不停祈禱可以安全抵達山頂，在遼闊的大自然下，此刻才意識到自己有多麼渺小與脆弱。

　　歷經各種濕滑山路的考驗，我們總算成功爬上了山頂，那一刻，內心的振奮、成就的凝聚、感動的充盈，如火燭般，從眼前一路暖至心底，相較於旺季時眾多的人潮，我更喜歡這種人稀靜寂的感覺，這裡是聖壇岩，好似今生永遠無法觸及的世界，永遠忘不了的，是心中那股了無遺憾的感覺！

北歐篇

被相信的夢想

某個夢想與約定

▲挪威首都·奧斯陸。

　　清晨，列車即將駛離奧斯陸，下一站是弗洛姆（Flam），松恩峽灣地區的一個小村莊，也是「挪威縮影」的第一站。

　　還記得要前往弗洛姆必須在米達爾（Myrdal）轉乘，拖著沉重的行李走入候車室休息，空蕩的月台邊，沒有任何等候的旅客。推開門，走進室內的那一刻，一股暖氣迎面吹來，全身如沐春日陽光，對比窗外的嚴寒，實在舒服至極！看看時間，距離下一班車還有一個多小時，等待的時間挺漫長的，有人閉目養神、有人整理行囊，但甚少人離開溫暖的候車室，坐在屋內收拾行李，看見大學的英文老師送我的小鋼筆，此刻，讓我想起了和她之間的約定。

交換前和老師的一場荒謬對談

大三時，我修過一門英文口說課，這堂課的老師很厲害，她的身分是教授、是作家，也是某間大報社的資深記者，上這門課時，我常常舉手發言，希望能從老師身上學到更多東西，出國交換前，我鼓起勇氣約老師見面，沒想到老師爽快地答應了。

老師將近六十歲，卻跟我約在麥當勞談，我問她為什麼是麥當勞，她說她很久沒體驗當年輕人的感覺了，想要回味一下。

「老師，我想寫一本書。」我開門見山就說了。

老師好像接不太住我丟的快速球，所以閃避不及，愣了幾秒鐘。

她看了我一眼，正經地問：「你想寫什麼東西？」

「我還沒想好，可能是跟歐洲旅行或交換學生相關的主題，目前還在摸索，不過想先聽聽老師妳的意見。」

既然決定了，就去試一試吧！

「其實我覺得很值得嘗試看看，這很不容易，但我覺得你可以做到。」

「老師，那妳覺得我是應該這樣做呢，還是應該那樣做？」那天，我非常熱血地在老師面前，天花亂墜地說了將近一個小時，她很沉穩地聽我說，犀利的眼神裡，看不出一絲懷疑。

「既然決定了，就去試一試吧！」我知道老師很認真，起碼當時在我心裡，完全感受不到她的一絲虛偽與應付。

學期結束的最後一堂課，我跟老師說：「老師，我很喜歡妳上的這門英文課，尤其是剛剛（最後一堂課）的演講，妳提到很多在國外當特派記者的點滴，以及辭職去壯遊的趣事，讓我聽得熱血沸騰！」

「我覺得你很有行動力，這是你的優點，要加油喔！祝你在國外一切順利。」老師拍拍我的肩膀。

「我會盡力的，謝謝老師妳一直相信我。」我輕輕對老師鞠了躬。

「等你寫的書出版了，記得要拿給我看喔！這支筆送給你，好好的寫，我相信你一定做得到的。」老師溫柔地，將筆放在我的掌心。

被信任的美好感受

　　我坐在候車室，看著掌心上的鋼筆，思考著老師為什麼相信我做得到，明明幾個禮拜前，我還對她說出連自己都覺得可笑的想法，但老師卻沒有在我面前皺過一次眉頭，她當時為什麼會認真地聽我說完這些話？還給了我這麼多寫作與旅行的建議？而現在又為什麼可以這麼認真地相信我？每次想到這裡，心中總會湧起一股莫名的感激。原來當一個人好不容易找到了那個屬於自己的夢想，並為了那個夢想做出了屬於自己的選擇，不管那個夢想多麼難以實現，不管最後是否能夠成功，只要曾經被人深深相信過、肯定過，真的是一件非常幸福的事情啊！

　　低頭思索間，身旁一位美麗的女子忽然站了起來，拿起相機興奮地衝出室外，我順著玻璃窗仔細凝望，沒想到窗外已然一片白茫，走出候車室的那一刻，白雪陣陣飄落，多年的盼望、短暫的交會，以及還來不及揣摩的瞬間……

　　我知道那場雪會過去，但在心中留下的美麗，永遠不會消失。

▲明亮溫暖的月台候車室。

▲月台上的雪白世界。

聖壇岩（Pulpit Rock）—鬼斧神工的挪威三大奇石之一！

交通 從挪威西部大城市史塔萬格的碼頭（Tau）搭乘渡輪到對岸碼頭（也叫Tau），再轉乘巴士到 Jørpeland 站，最後再搭公車（或計程車）到聖壇岩登山口即可開始步行攻頂。其中，須特別注意的是聖壇岩每年開放時間（約為四月初到九月底），未開放期間，Jørpeland 到登山口無公車行駛，只能搭計程車前往。

票價
第一段：Stavanger → Tau，搭乘渡輪，單程票價 52 挪威克朗，車程約 40 分鐘。
第二段：Tau → Jørpeland，搭乘 100 號巴士，單程票價 30.5 挪威克朗，車程約15 分鐘。
第三段：Jørpeland → 聖壇岩登山口，搭乘巴士或計程車，計程車單趟總價約200 挪威克朗，車程約 20 分鐘。

注意 聖壇岩攀爬難度不高，但不建議四月初前往，因冰雪未融，路面相當濕滑，有一定程度的危險，若仍欲前往，請務必為鞋子綁上雪鏈，以防意外發生！

挪威縮影（Norway in a Nutshell）—最貼近挪威的經典套裝行程！

交通 從挪威首都奧斯陸搭火車出發到 Myrdal，轉乘高山火車到 Flam，再搭乘渡輪穿越松恩峽灣到 Gudvangen，接著再轉乘公車到 Voss 小鎮，最後搭乘挪威國鐵到西部大城市卑爾根。以上行程也可倒著走。在網路上可以買到挪威縮影的完整套票，但拆開來買會便宜很多喔（尤其是學生）！

票價
第一段：Oslo → Myrdal，搭乘挪威國鐵，最低票價為 249 挪威克朗，車程約 4.5小時（學生不打折）。
第二段：Myrdal → Flam，搭乘高山火車，票價為 360 挪威克朗，車程 50 分鐘（學生打 7 折）。
第三段：Flam → Gudvangen，搭乘渡輪，票價 315 挪威克朗，船程 2 小時 15分鐘（學生不打折）。
第四段：Gudvangen → Voss，搭乘 950 號巴士，票價約 117 挪威克朗，車程 1小時 15 分鐘（學生打 8 折）。
第五段：Voss → Bergen，搭乘挪威國鐵，票價 204 挪威克朗，車程約 1 小時 10分鐘（學生打 75 折）。

鏡頭裡的人魚悲劇

丹麥的美人魚童話

▲市政廳旁,望向遠方的安徒生。

　　丹麥首都哥本哈根(Copenhagen)是個童話王國,而最著名的就屬童話大師安徒生了,他的筆下作品《小美人魚》,如今也成了哥本哈根相當重要的城市地標。看小美人魚對感情的迷戀與掙扎,短短的故事裡,道盡了小美人魚的坎坷遭遇,安徒生最令我敬佩的地方,就是創作的故事篇幅都不算長,但閱讀時卻能發起許多不同的思考,這種功力堪稱絕妙。而近年火紅的韓劇《藍色海洋的傳說》,也是以美人魚為題材進行改編,可見世人對人魚保有的美麗想像,永遠不曾消失。

北歐篇

愛上王子的美人魚

傳說在大海深處的海底王國，住著一位小美人魚，最令人羨慕的，是她有著如天使般的美妙歌聲，以及閃亮修長的美麗尾鰭。

有天，她游出海面，在海上遇到一艘大船，船上正舉行著生日派對，派對的主角是一位風度翩翩的王子，小美人魚在遠處的海面深深望著王子，那一刻她知道，自己已經徹底愛上了人類。

不久，一場暴風雨襲來，載著王子的大船撞上礁石沉沒了，小美人魚游向王子，將他扶至岸邊細心照顧，等他醒來後，才隻身游回大海。半夢半醒間，王子在岸邊瞥見正要離開的人魚，他永遠忘不了那美麗的身形，王子發誓要找到這女孩，娶她為妻。

「我想離開大海，成為一名人類。」小美人魚對女巫說。

「妳需要一雙腳。」女巫拿出一瓶魔藥，對著小美人魚說：「孩子，在喝下藥水後，妳會感覺到一把利劍切開自己的尾鰭、並且痛得昏過去，當妳清醒以後，就能獲得人類的雙腿，但疼痛永遠不會消失，每走一步，妳都將痛如刀割，即使如此，妳還是願意喝下它嗎？」

小美人魚毫不猶豫，一口氣喝下了魔藥……

命運的玩笑

沒想到，一位女孩比她更早來到皇宮，並聲稱自己是當時在船難中拯救王子的女孩，最令人驚訝的是，這位女孩和小美人魚長得極其相似，王子不疑有他，心想終於有機會報答女孩的救命之恩，心裡甚是高興，於是便親自為這位陌生的女孩披上了婚紗。而小美人魚一句

▲望向遠方的小美人魚。

▲海岸旁，獨坐石上的小美人魚。

話都沒有說，獨自回到當初拯救王子的岸邊，她知道這是一場永遠解不開的誤會，不管再怎麼努力，終究逃離不了命運無情的玩笑……

　　《小美人魚》是一部悲劇，一部由美人魚自己造就的悲劇，故事中的人魚遇上王子後，其實一直都有機會回頭，回到那片屬於她的藍色大海中，去享受自己曾經擁有的一切，但她不願意，她的心裡始終渴望著愛情，她對王子的愛是毫無保留的，但結局卻是殘缺的，為了愛，小美人魚幾乎什麼都犧牲了，她失去了嗓音與尾鰭，失去了同伴與那片賴以為生的海洋……站在海港旁，我仔細思量，眼前這尊命運多舛、極其悲壯的美人魚銅像，是否也和安徒生童話裡的「小美人魚」有著同樣的遭遇？

鏡頭外的無情訕笑

　　來哥本哈根之前，早已聽過種種傳聞，說這尊美人魚雕像既小又沒有看頭，看著一團團蜂擁而至的旅客圍在小美人魚旁，思考著該用何種方式入鏡、該擺出何種勝利的姿態，其舉止，對安徒生、對美人魚以及對深深理解《小美人魚》故事背後寓意的讀者來說，不正是最無情的訕笑嗎？

　　一對情侶興高采烈地走向前，拿起自拍棒，在美人魚雕像前互相比了個愛心，看到那畫面，我不禁訝然，鏡頭背後的人魚悲劇，多少人願懂，又曾激起多少漣漪？

穿越時光的魚湯滋味

瑞典市場的美味魚湯

　　說到瑞典的美食，幾乎離不開海鮮，而說到海鮮，幾乎離不開魚湯，再說到魚湯時，絕不會遺漏的，就是瑞典 Hötorgshallen 市場裡的美味魚湯店「Kajsas Fisk」了！這家店幾乎是國內外背包客及旅遊書的一致推薦，是怎樣的美味，可以讓一家隱藏於市場裡的魚湯如此廣受好評？我深感好奇，於是循著地圖，走進市場，準備一嚐異味。結完帳，端著湯，找個位子坐下，微啜一口，魚肉的鮮味混雜著濃郁的番茄甜，從舌尖一路暖至胸前，獨特的滋味，夾雜著那股意外的熟悉感，頓時，心裡湧起一陣懷念。

▲魚湯店裡燈光微亮，用餐氣氛極佳。

▲混雜著濃郁番茄甜的魚湯。

魚湯的美味祕訣

還記得以前回阿嬤家時，阿嬤會煮很多好吃的食物，她燉的魚湯相當美味，小時候不懂美食，只知道阿嬤的魚湯很厲害（雖然不知道厲害的祕訣為何），後來漸漸喜歡研究美食，也開始會好奇箇中奧祕。

有次回阿嬤家，忽然想一探阿嬤燉的魚湯裡究竟有什麼祕密。

「阿嬤，不是要燉魚湯嗎？怎麼在切番茄啊？」我疑惑地問。

「魚湯裡要加番茄，湯才會甜。」

「是喔！」我驚嘆道：「所以以前的魚湯裡都有加番茄嗎？」

阿嬤點點頭說：「燉魚湯要有耐心，番茄量要夠，而且一定要用小火慢煮，鮮甜的味道才能熬的出來，所以控制火侯和燉煮的時間很重要。」

番茄明明是好的，哪有壞！

魚湯是阿嬤的拿手料理，每次回去，我都深深期待著這道料理，不過長大以後，那個從小吃到大的魚湯似乎漸漸不如以往了，一開始我會跟阿嬤反應，說味道不對，她只是笑笑地說下次會改，但失敗的頻率卻還是在不知不覺中變高。

有次，我想查出這原因到底出在哪裡，我相信一定不是料理方式的問題，忽然間，我發現桌上的番茄顏色不甚漂亮，於是隨手拿起一顆番茄，大口咬下，一股微酸味在嘴裡化開。

北歐篇

「阿嬤，這顆番茄是不是壞了？吃起來怎麼有股酸味。」

「怎麼會！我都有挑過啊！」她接過我手中的番茄，親自嚐了一口，道：「明明是好的，哪有壞！」

為了再次確認，她再次咬下，咀嚼後，一臉疑惑地看著我說：「這是好的啊!?」

她一說完，我的心裡頓時湧起一陣酸楚。

「我開玩笑的啦！沒有壞掉，加進湯裡吧。」我知道，番茄是壞的。

想當然，魚湯依舊沒有最初的美味，不過因為經過慢火熬煮，那股番茄的酸味被淡化的相當徹底。

我笑笑地跟阿嬤說：「真好吃！味道跟以前一模一樣！」她高興地點點頭，拿著碗走回廚房，要幫我再裝一碗。

「唉，阿嬤不知不覺老了，而且……」看著她年邁的背影，我深深感嘆：「我好像也不知不覺長大了。」

魚湯是否真如最初那樣完美，我不在乎了，只要是阿嬤燉，那便是珍貴且無可取代的。

穿越時光的滋味

品味著瑞典市場裡的魚湯，鮮甜的滋味，搭配著濃郁的番茄香，一切看似無可挑剔，我心想，此時應該是要驚嘆、是要讚美，是要開心的才對，我嚼著嚼著，想著想著，一股酸味在心裡盤旋，從胸前，一路蔓延至嘴邊，與魚湯的番茄甜漸漸融合，那滋味，竟然意外熟悉。我低下頭，看著從湯裡反射的自己，萬里之外，那些過眼雲煙的畫面，在心裡湧起陣陣漣漪，滴滴答答地穿越時光的長河，最終，墜落在既陌生又熟悉的魚湯裡。

標示中文的罐裝咖啡

斯德哥爾摩之夜

　　初春的瑞典，晚風依舊散發著些許寒意，站在高架橋前，我卻不忍離開，或許是因為喜歡上耳邊傳來的潺潺流水聲了吧！這感覺真是奇妙，明明是一座城市，入夜後，卻幾乎聽不見車水馬龍的喧囂，孤燈下的街道，街道上的霓虹，霓虹散發的光影，光影凝聚的城市，有北歐威尼斯美譽的斯德哥爾摩，只有在此時此刻，在流水聲的不斷洗滌下，才顯得如此穩重而淒涼。我站在橋頭，細細品味瑞典夜裡的美，今晚是瑞典的最後一晚，明天就要離開北歐，展開全新的冒險篇章，早上「Kajsas Fisk」的魚湯，那美好的滋味還暖在心頭，心裡暗自思量，能用一碗充滿回憶的魚湯，為這趟北歐的旅程劃上一個美好的句點，實在是得來不易的幸福。

瑞典首都・斯德哥爾摩。

不過，旅行的劇本，永遠不會按照旅人規劃的那樣順利，因為接下來要上演的，立刻就是一場悲劇了。

當我快步走到旅社，竟已過了入住時間，櫃檯的燈光已暗，撥打電話又無人接聽，時近凌晨，又沒有人進出旅社，就算進了旅社，也沒有房間可以休息，我站在反鎖的旅社外，不知如何是好，街上空無一人，偌大的城市，今晚又該往何處去？

旅行的意外與驚喜

在旅社門口徘徊近一小時，總算有人打開了門，出現在眼前的，是一位白髮蒼蒼的男子，他穿著睡衣，手裡還捧著一杯熱茶。

「你是不是錯過入住時間了？我看你在旅社外逗留很久……」聽他的口音，馬上猜出是中國人。

「謝謝你，我錯過入住時間了！還好有你幫我開門，否則今晚我真的不知道該去哪裡……你是旅社的人嗎？」

「不是，我只是個房客，剛剛出來裝熱水喝，碰巧看到你在門外徘徊，就猜你一定是錯過入住時間了！」忽然間，他發出「啊」的一聲，隨後道：「跟我來，我想到還有一個地方可以給你過夜。」

他走在前方，帶我到旅社最裡面的一個小飯廳，對我說：「這個旅社的飯廳是關門就會自動上鎖的，不過每個房客都有進出的鑰匙，只是這麼晚了，應該不會有人再進來，如果你不介意的話，乾脆就在這裡的沙發上將就睡一晚吧？」我立刻點點頭，並感謝老先生的出手相助。

「你自己一個人來旅行吧？我年輕時也很喜歡在中國四處旅行呢！旅行很有意思，雖然會遇到很多意外，但也會遇上很多驚喜，你看，你不就在遇到麻煩的時候，遇見了我這麼一個大好人嗎？」老先生說完，哈哈一笑，善意地提醒我不要離開廚房，否則會被反鎖在走廊，他見我點頭後，才輕輕關上門離開，那親切和藹的模樣，令我深為感動。

經過一夜的休息，當再次醒來，已是早上八點，我揉揉眼睛，忽然發現餐桌上竟擺著一罐咖啡，還記得昨晚桌子上是空無一物的，我拿起咖啡認真一瞧，發現上頭標示著中文！當下立刻猜出是昨晚那位老先生放的，

▲斯德哥爾摩的旅社小飯廳。

我想親口向他道謝，但尋遍旅社每一個角落，卻怎麼也找不到他的身影，我不曉得他叫什麼名字，也不知該去哪裡找他，甚至不敢保證這杯咖啡就是他的心意，但至少手中這杯咖啡，能讓我繼續相信在這一路上，一定還會有更多美好的事情發生。

這一切，才正要開始而已

　　午後，拖著行李，搭上火車，我知道全新的冒險旅程即將展開，此刻，難掩內心激動之情，車窗外，雨漸疏，日漸明。

　　「厭倦了嗎？」雙手竟在微微顫抖，難道是因為昨晚的悲劇？還是對未知的未來感到恐懼？

　　「不。」我用力握緊拳頭，想起了那位老先生對我說過的話。

　　「這一切……才正要開始而已。」這是對未知的期待，而且是充滿自信的期待！

　　時近黃昏，日漸西落，窗外蘊黃的斜陽，一時竟也絢麗無雙。

Every single day is like a blank page of our life, every person we meet, every thing we participate in is a living essay.

每一天都是生命中的一張白紙，遇見的每一個人、發生的每一件事，都是一段精彩生動的篇章。（出自《靜思語》）

瑞典的絕美魚湯店（Kajsas Fisk）—隱藏於市場地下室裡的暖心滋味！

地址 Hötorgshallen 3,111 57 Stockholm
交通 可搭乘斯德哥爾摩地鐵至 Hötorget 站，步行約 1 分鐘至 hötorgshallen 市場，再搭乘手扶梯到地下一樓即可找到店家。
價格 一碗魚湯 100 瑞典克朗（約臺幣 370 元）。
小提醒 1. 魚湯可免費續碗一次。2. 沙拉與麵包無限量供應。

▲位於地下室的美味魚湯店。

▲琳瑯滿目的 hötorgshallen 市場。

北歐篇

中歐篇

旅行，花樣少年的奇幻漂流

點餐的勇氣
第一個德文單字

在德國交換期間，我常常到學生餐廳吃飯，學生餐廳的德文叫曼莎（Mensa），通常一餐是一個主食配一個主餐，主食大致上有清蒸馬鈴薯、馬鈴薯條、寬板麵，白飯；主餐通常是肉排淋醬、德國香腸、豬腳，不過我最喜歡的還是固定禮拜二晚上才會有的「烤半雞」！而這樣一個主食配主餐，基本上是 3 歐元，臺幣大約 110 元，算是不便宜了，但初來乍到還是很喜歡各方嘗試。學生餐廳的阿姨脾氣不太好，可能是要煮菜又要幫人夾菜，所以只要人多的時候，大家都會趕快點餐經過，以免成為阿姨火爆脾氣下的犧牲品，而我每次點餐都是直接指某個主食和某個主餐，然後和阿姨說謝謝。

▲學生餐廳的菜色：清蒸馬鈴薯＋燉牛肉。

我學的第一個德文單字是馬鈴薯（Kartoffel），我也不知道為什麼會先認識這個字，後來我開始想要用德語點餐，不過我會說的只有馬鈴薯，所以點餐時我永遠都會說：「馬鈴薯和那個。」然後用手指某個主餐。

▲學生餐廳的菜色：馬鈴薯條＋德國香腸。

只是馬鈴薯吃久了還是會膩，雖然知道德語的白飯（Reis）怎麼說，但餐廳的白飯實在太難吃了，所以吃過一次我就強迫自己忘掉這個嚇人的單字，就怕下次錯點成白飯壞了胃口，後來漸漸學了一些德語，點餐時從「馬鈴薯和那個」變成「我要馬鈴薯和那個」，然後也開始會拒絕阿姨的推薦了，一開始阿姨會推薦要不要 A（某主餐）和 B（某主食），但是當初根本不知道她在說什麼，所以只能傻傻地點頭，然後一回過神，盤子裡就被裝滿各種莫名其妙的食物，有時候還會裝到白飯，讓我非常氣憤！

最後一碗白飯

我習慣避開用餐時間，大約到晚上七點才會去餐廳，通常六點多餐廳就沒什麼人了，阿姨的脾氣也會比較好，如果很多人排隊，我會直接用手指我要的食物，不過只要後面沒人，我都會試著用德語點餐，當時最大的心願是能不結巴地點完所有我想吃的食物，而最初的目標當然是設定在星期二晚上，因為有我最愛的烤半雞。

我端著盤子慢慢走到阿姨面前，吸了一口氣，勇敢且快速地說：「請給我馬鈴薯和烤半雞不要淋醬加胡椒粉謝謝。」語畢，心裡頓時湧起一股滿滿的成就感。

阿姨點了點頭，拿著我的盤子七手八腳裝完料理再放回我的盤子上，烤半雞果真沒有淋醬並加了胡椒粉，可是主食竟然是白飯，是超難吃的白飯！

我傻眼地看著阿姨。

「怎麼了嗎？」阿姨一臉困惑地看著我，眼神還帶著一股殺氣。

「沒事……」我苦笑離開，不過我確定剛才說的是對的，但應該是說得太快，阿姨聽錯了，而且我不是德國人，質疑阿姨聽錯也很奇怪，所以當天還是含著眼淚吃完那一餐。

但是那天的白飯是我吃的最後一碗了，接下來的每個星期二晚上，我都仔細且緩慢地和阿姨說：「請給我清蒸馬鈴薯，和烤半雞，烤半雞不要淋醬，加胡椒粉，謝謝。」阿姨果然就給我對的東西了，我也會笑笑地和她點頭道謝，或許對阿姨來說不算什麼，但這平淡無奇的一句話對我來說

▲ Ich möchte die Kartoffeln und das Gegrilltes Hähnchen mit Pfeffer, danke.（中譯：請給我馬鈴薯和烤半雞，烤半雞加胡椒粉，謝謝）

卻有著無比重要的意義，因為代表我跨過了心中那道無形的牆，雖然只是一小步，但卻是個重要的開始，我開始不懼怕陌生的語言，每個星期二晚上，每當我走進餐廳，開口向阿姨點餐時，那一刻的成就感，都能讓我感覺被凝聚、被充盈，那一秒鐘振奮的情緒、信心的覺醒，我終生難忘。

不被理解的怪人

德國一堂課的時間是一個半小時，沒有中途休息，還記得我最晚的課是從下午四點四十五分上到六點十五分，我實在不能理解為什麼要設計這種超難記的時段。不過幸運的是教室離學生餐廳很近，下課後可以直接走到旁邊的餐廳用餐，這時候去已經沒什麼人了。

下課後，走到餐廳，點一盤熱食，找個安靜的位子坐下來，細細咀嚼每一口滋味，待酒足飯飽後，走出餐廳，到外頭的公園稍歇片刻，這裡的公園有很多野兔，每次想靠近一點看，野兔都會非常警覺地跳開，根本難以接近，爾後經過公園，我都會小心翼翼地從旁邊走，以免驚擾了這群可愛的小傢伙們。

◀▲餐廳旁，公園裡的野兔們。

　　其實我非常想仔細瞧瞧這些野兔的模樣，但每當距離野兔只有幾公尺時，牠們便會豎起耳朵，直挺挺地站著，只要再靠近一步，牠們就會快如閃電地跳開，我想告訴野兔我沒有惡意，但一個學期過去，卻連個解釋的機會都沒有。每次想起這些野兔對我的直覺反應都會不禁感嘆，就像人與人之間的相處，有時我們對別人的好意關懷，卻容易被莫名其妙地解讀成別有居心，我能理解野兔那種想要自我保護的心理，但是對牠們來說，我始終是那個不能理解的怪人吧。

　　晚上七點三十分，這時天還沒暗，德國夏季大約要晚上九點以後才會天黑，繞過公園，走到公車站牌旁的椅子坐下，細細咀嚼交換生活的點點滴滴，總是覺得不可思議。

▲站牌下，微風陣陣吹來，微醺的歲月，令人陶醉。

心裡的無形防線
德國的公車上沒有讀卡機

　　在德國讀書期間，持學生證可以免費搭乘整個城市的所有交通工具，對我來說這是一個天大的好消息，還記得第一天抵達交換的城市布倫瑞克（Braunschweig）時，有位學伴來接我，他帶我從火車站坐公車到學校宿舍，車程我記得大約二十分鐘，票價竟然要 2.5 歐元，折合臺幣將近 100 元！當時我還沒有拿到學生證，第一次聽到這個價格實在相當傻眼，因為宿舍到學校很遠，不搭公車是很麻煩的，所以一到學校報到，我就趕緊申請了一張臨時學生證，好讓自己能免費搭市區公車。

　　布倫瑞克是德國下薩克森州（Niedersachsen）第二大城，僅次於漢諾威（Hannover），市區交通非常發達，不過和臺灣不一樣的是「德國的公車上沒有讀卡機」，上車時只要出示證件給司機看就可以了。人多的時候，司機會同時打開後面好幾個車門，大家上車也不會特地走到前面拿證件給司機看，所以其實有沒有取巧，司機根本不得而知。雖然如此，還是會有查票員不定期查票，如果是坐德國國鐵，每次上車都一定會被查，但市區公車的查票次數非常少，

▲德國布倫瑞克中央車站。

▲德國·布倫瑞克

雖然我有學生證可以免費搭乘，但心裡還是會好奇，查票員會不會抓到逃票的民眾呢？

為了做這個實驗，我特地選幾天不斷搭乘市內公車與電車，希望能遇到查票員，不過真的太難遇到了，所以試幾天就放棄。但也不是沒有結果，之後在半年內，我還是巧遇了兩次查票，印象最深的是有一次在電車內被查，當時車內擠滿了乘客，一般來說，查票員是不會穿制服的，衣著就和普通的民眾一樣，那天，公車行駛到一半，忽然有位女士拿出讀卡機，要大家出示證件或票根，這輛電車裡至少有四十位乘客，我好奇地看著查票員一路從車頭查到車尾，沒有錯過任何人。

沒有任何人逃票

直到下一站，那位女士就從容地走下車了，事實證明沒有任何人逃票，看到這幕時，我實在打從心裡讚嘆這個城市的人民的道德水平。此外，不只是公車系統，在德國各大城市像柏林（Berlin）或漢堡（Hamburg）的地鐵站也都沒有設置閘門，也就是說，任何人都能隨意走進月台搭乘火車，也可以直接在月台上購票，除了德國之外，北歐各國也都採用相同的信任制，我在挪威和德國遇過幾次查票，但從未遇過有乘客刻意取巧，即使列車已經抵達月台，他們還是會在月台上排隊，等買完票之後再上車。政府能信任人民的道德水平，給人民方便之餘，他們自己也能恪守心中那道無形的防線，彼此相互信任，一個國家能走到這一步，我佩服至極。

異鄉人

在德國交換期間，住在學校宿舍的同學幾乎都是德國人，不過還有一位來自浙江的室友，他叫周宇，因為門牌上名字寫的都是英文，很長一段時間我都以為他叫周瑜，所以對他印象特別深刻。他是碩士生，大學在漢諾威讀書，他德文很厲害，有時我會去請教他，也會找他一起煮飯，畢竟我們溝通上方便許多，而他也會和我分享在德國讀書的趣事。

就在他畢業要離開前，我問他要不要一起做一頓東方拿手料理，他答應了，隔天我們兩人一起到附近的亞洲超市買晚餐要用的食材。

「你買九層塔和辣椒做什麼？」他好奇地問我。

「嘿嘿，當然是做我的拿手好菜呀！」我露出神祕的笑容。

忘不了的家鄉味

我們買了一堆食材，但讓我印象最深刻的還是「空心菜」，才一小把竟然要 4 歐元，將近臺幣 150 元，雖然很昂貴，但因為實在太久沒有吃空心菜了，我們都很想念那滋味，所以還是睜一隻眼閉一隻眼地買了下去。

「周宇，你來這裡讀書都不會想家啊？」做好飯後，我們在飯廳邊吃邊聊。

「剛開始會，不過久了之後就比較習慣了，但偶爾還是會懷念家鄉的食物啦！」他說。

「那你畢業後打算留在德國嗎？」我好奇地問。

「應該會回浙江吧，畢竟我是獨子，還是不要離父母太遠比較好。」

他突然話鋒一轉，問道：「我很好奇，為什麼你的拿手菜是打拋豬啊!?」

中歐篇

▲德國超市 EDEKA。

「這是一個泰國人教我的，因為打拋豬很下飯，所以我就專門練這道料理，味道嚐起來如何？」

「很好吃！」他點頭表示認可。

周宇的拿手料理是浙江名菜「糖醋排骨」。果真不出我所料，從他說他是浙江人的那一刻，我的腦海中立刻浮現這道料理，事後我請教他怎麼做這道菜，他還很細心地手抄一張食譜給我，他炒的糖醋排骨很是好吃，和在臺灣吃的不太一樣，我問他有什麼祕訣，他說番茄醬和糖水的比例要調配好，而且熬煮醬汁時火不能開得太大，太白粉要慢慢加，這樣勾芡時才不會太快結塊，他提醒我，醬汁如果一勾芡過頭，滋味就再也回不去了。另外，我注意到他加了不少蔥，一開始以為他是不小心的，後來才知道，這是他們家鄉特有的吃法。

家鄉，是靠岸的方向

　　有人離鄉，是因為任性；有人離鄉，是因為好奇；有人離鄉，實屬不得已。無論離開的理由為何，只要離開一段時間，都會懷念起家鄉的許多美好。你說不，你想永遠留在這裡，有可能，但我相信不是永遠，畢竟萬里之外，還有人在等待你的歸來，或許你說，你還不想輕易靠岸，還想在這萬千浪潮裡悠遊，你說那很快樂、很自在，我完全明白。但別忘了，遠在彼岸的家鄉，才是你最終靠岸的方向。

　　初夏，風微涼，我倆開瓶酒，共賞明月夜，共度異鄉天，共嚐家鄉味，共話家鄉甜。

▼從宿舍廚房遠眺，漸層對比的暮色，令人深深著迷。

神祕黑森林

黑森林大冒險

德國的黑森林地區一向都很神祕。

「聖彼得小鎮（St.Peter）到聖梅爾根小鎮（St.Margen）之間有一段絕美祕境，徒步行走大約三個小時，沿途皆為綿延不盡的丘陵與茂密的黑森林，美得令人震撼！」這段話是從一位來自挪威的同學口中聽到，從那時起，我便下定決心要前往傳說中的黑森林探險，於是某天凌晨，我便和阿喵相約一探究竟。要前往聖梅爾根小鎮必須轉乘好幾次車，為了節省預算，我們兩人只好搭乘夜間巴士，抵達聖梅爾根小鎮時，已經接近隔日下午兩點，一夜顛簸的路程，讓我們兩人的身體都有些疲憊。

▲在前往聖梅爾根小鎮的公車上，已能看見黑森林的朦朧樣貌。

▲德國‧黑森林。

「我們時間不多，趕緊上路吧！」阿喵有氣無力地說。

「還有多少時間？」我問。

「還有四個小時。」他看看錶。

「這樣我們有辦法在天黑以前走到聖彼得小鎮嗎？」我有些擔心。

「照那位挪威同學的說法，應該是沒問題，但我們要走快一點才行。」他臉上還是露出一絲不安。

「那如果來不及怎麼辦？來不及搭上末班車的話，我們可就真的要被困在黑森林裡了！」我說。

「所以快走吧！我們要三小時內抵達聖彼得小鎮！」話還沒說完，阿喵已經先走一步了。

這段旅程果真令人震撼，沿途綿延無盡的丘陵及廣闊的黑森林美得令人窒息，朦朧不清的山影，在雲霧環繞下，更顯奇幻與神祕。

「嘿！這裡也太美了吧！傳說中的黑森林耶！」我興奮地說。

「對啊！多拍幾張照再走好了！」阿喵大聲說道。

我們愈看愈驚奇，愈拍愈開心，腳步也漸漸慢了下來，好像沒人發現有什麼不對勁。

▼黑森林裡，手機導航與告示牌方向竟意外分歧。

森林裡的岔路

「等等，現在幾點了？」我察覺到情況不對。

「糟糕！已經下午四點了！再過兩個小時就會天黑，我們會趕不上末班車離開這裡的！」阿喵瞪大眼睛。

於是我們立刻放下相機，開始加緊腳步。

「奇怪？怎麼開始有岔路了!?」看著前方，我有點不知所措。

「走這裡。」他看著導航往左邊走去。

「等等！我的導航顯示走右邊這條！奇怪？我們兩人明明用的是一樣的導航，怎麼會指引不同的方向？」我驚訝地說。

「我們沒時間了，隨便走一條吧！應該都會互通。」看阿喵的神情，已經開始有些慌張。

後來我們竟遇上更多岔路，有時前方還有三條路可以走，到後來導航的指引，已經和告示牌的指示完全不同了。

「我的導航好像開始失靈了，從剛剛開始就一直偵測不到我們的位置。」阿喵冷冷地說。

「我的也是，我看還是先不要相信導航了，照著沿路告示牌的方向走吧，我覺得導航的指引很奇怪。」我越來越擔心。

於是，我們兩人沿原路折返，再重新按照途中的告示牌前進。

公車別跑！

後來我們愈走愈急，心裡相當不安，不知道能不能順利走出這座詭異的黑森林，趕了一個多小時的路之後，才終於順利繞出這段詭異的森林小徑。此時，我忽然瞧見遠方停在小鎮旁的巴士正準備離開，我們兩人見狀，立即朝它飛奔而去。

巴士啟動不久，司機看見我們兩人從黑森林裡出現，並朝著他不斷揮手，他好心地從車內向我們揮手，好像指示我們不用緊張，他會等我們上車再離開。但我們沒有因此停下腳步，依舊一邊不停地向司機揮手，一邊朝公車奔跑過去，可是巴士卻在我們眼前開走了。

「喂！公車別跑！快給我站住！」當時心裡一陣絕望，並朝著遠方的公車司機不停大喊，我們始終不曉得他只是叫我們不要急，因為末班車根本還沒到，只是我們搞錯了而已，等到末班車真正出現，我和阿喵這才終於徹底清醒過來。

回程，徜徉在黑森林神祕的莞爾之中，窗外細雨飄飄落落，入睡之際，閉眼細思，黑森林冒險之趣，著實無窮無盡。

朦朧雨中的黑森林小鎮。

德國黑森邦（Hessen）—魚群最推薦的德國神祕仙境！

　　德國黑森邦是一個區，有許多值得拜訪的美麗小鎮，如根根堡（Gengenbach）、欣特察爾滕（Hinterzarten）、特里堡（Triberg）、弗萊堡（Freiberg）等，但若要深入走訪黑森林，可健行於聖梅爾根到聖彼得之間，故推薦此路線給深度旅行愛好者們。不過此路線交通較複雜，未知變數較多，若要前往，務必事先做好功課。

[交通] 從德國大城海德堡（Heidelburg）或斯圖加特（Stuttgart）出發，搭乘德國鐵路（Deutsche Bahn）前往黑森林小鎮欣特察爾滕（Hinterzarten），再從這個小鎮的公車總站搭乘 7216 號巴士前往聖梅爾根，公車行經路線為 Hinterzarten → St.Margen → St.Peter → Kirchzarten；在聖梅爾根下車後，沿標示走至聖彼得小鎮，時間大約三個小時，健行路線會穿越黑森林。不建議單獨前往，沿途標示不甚清楚，且黑森林內偶有岔路，建議開啟導航配合路標前進，健行至聖彼得小鎮後，再搭乘 7216 號巴士回到欣特察爾滕。務必控制健行時間，在夜色來臨前離開黑森林！

[票價] 黑森林公車（Hinterzarten → St.Margen）：單程約 5 歐元，車程 50 分鐘。

朦朧雨中的黑森林小鎮

巴黎的流動饗宴

濃郁的可可香

「您好,一位嗎?」我走進咖啡館,一位帥氣的男服務生向我走來。

「是。」我點點頭。

「好的,裡面請。」他示意我到裡面坐。

「等等,我可以坐外頭嗎?」在歐洲,咖啡館外的位子永遠比裡面搶手,因為外頭有陽光,較室內溫暖一些。

「請您稍等片刻。」服務生走向室外,左右探頭,再示意我過去:「您真幸運,外面剛好只剩一個單人座位。」

「謝謝,麻煩請給我一杯熱可可。」雖然我想喝咖啡,但畢竟熱可可是花神咖啡館的招牌,我更不忍錯過。

「好!沒問題。」那位服務生笑咪咪地離開,看他的心情這麼好,我也不由自主地開心了起來。

伸伸懶腰,拿起筆記,今天沒有任何計畫與行程,只想好好窩在咖啡館裡寫作,順便整理日記,有趣的是,明明還不到中午,外頭卻已經坐滿了喝下午茶的人們。

「打擾了,您的熱可可。」抬頭一看,是剛才那位男服務生,他小心翼翼地在圓桌上騰出一個位子,並將熱可可輕輕放下後說:「熱可可還很燙,請小心慢用。」語畢,點頭離開,我禮貌地回敬他一個微笑。

▲巴黎,左岸,花神咖啡館(Café de flore)。

中歐篇

▲花神咖啡館的招牌熱可可。

拿起杯子，濃郁的可可香氣撲鼻而來，我輕輕搖了搖，沒想到竟如此濃稠，我皺皺眉，一臉困惑地看著杯裡的可可，緩緩提至雙唇間，輕啜一口，心底頓時一陣翻騰，那甜蜜而療癒的滋味在嘴裡漸漸化開，強烈而清晰。我從容地點點頭，放下可可，提筆，記下滋味：「形極簡，味極深，世間最濃郁美味的熱可可，原來在巴黎左岸。」

平靜的沉澱時光

午後，日光漸聚，塞納河畔的左岸，左岸裡的咖啡館，咖啡館裡的可可香，一筆一劃地勾勒出巴黎細緻的輪廓。

不曉得巴黎在每個人的眼中是一座怎樣的城市呢？海明威曾經說過：「假如你夠幸運，年輕時曾待過巴黎，那麼無論未來你在哪裡，巴黎將永遠跟著你，因為巴黎是一場流動的饗宴。」對我來說，巴黎就像那杯甜而不膩的可可，即使在嘴裡融化了，心裡依舊感受到醇香。巍峨的艾菲爾鐵塔與清澈的塞納河，一縱一橫地向世人訴說著巴黎的前世今生，我喜歡巴黎的緩慢與悠閒，當一次從容的過客，隨心在各個巷弄裡尋找驚奇，找一家咖啡館坐下來，看看往來穿梭的人群，享受悠閒美好的午後。放慢腳步，巴黎會主動邀請你坐下來喝杯咖啡，聆聽你的故事與煩惱，於是在這緩慢而優雅的步調裡，你會感受到生命不同的節奏，原來當離開了曾經熟識的世界，這世上還是有許多人在某些我們未曾想過的地方，以我們想像不到的方式生活著、快樂著，在忙碌的生活中，有時需要一點緩衝，給自己一段平靜的時光沉澱，為生活留下一點不同的滋味，這不是奢侈，而是因為你一直都值得擁有更好的生活。

▲巴黎的「楊樹小區」。

▲巴黎羅浮宮前的玻璃金字塔。

實現夢想的三個瞬間

我要帶妳去阿爾卑斯山

妳曾經說,來瑞士是妳的夢想,因為妳喜歡小蓮,《小天使》是妳兒時最愛的卡通,妳幻想長大後的哪天,也能和故事中的女主角小蓮一樣,奔跑在美麗的阿爾卑斯山上。從那一刻起我就告訴自己,無論如何都要帶妳完成多年的夢想,帶妳走一趟瑞士,看一回阿爾卑斯山。

▲瑞士少女峰地區:菲斯特(First)。

終於,妳順利來到了瑞士

當妳來到瑞士,有三個瞬間讓我覺得這趟交換學生的旅程是值得的。

第一個瞬間,是在蘇黎世機場看到妳的時候。

那時,妳拖著一個小行李箱,一個人慌張地從登機門走出來,就怕找不到我,我在遠處向妳揮手,當妳看見我的那一刻,面露心安的那一刻,我知道這是我完成夢想的第一個瞬間。

出發前,妳告訴我妳不會說英文,如果被瑞士的海關刁難了怎麼辦?如果轉機時迷路了怎麼辦?如果出了登機門還找不到我怎麼辦?如果發生其他未知的如果怎麼辦?我說,別擔心,我先教妳說幾句英語,看不懂沒關係,抄下來,逢人就拿給他看,總會找到我的,妳要完成的事情只有一件,那就是「找到我」。接下來的一切,我會全部搞定。

我知道妳會慌張,但別擔心,有我在。

瑞士少女峰地區：菲斯特（First）。

▲「妳看！那就是阿爾卑斯山！」

終於，妳看見了阿爾卑斯山

　　第二個瞬間，是在某一天清晨。

　　那天我們要去爬阿爾卑斯山，前一天晚上才抵達旅社，那幾晚我們住在帳篷村，妳叮嚀我務必訂最便宜的房間，但因為天氣冷，被子蓋不暖，妳晚上睡不太著，我有點自責，妳說沒關係，妳覺得這裡很棒，而且真的很便宜，妳不委屈，妳很享受這樣的旅行。

　　清晨，天未亮，我說要帶妳看一個神祕的地方，妳問是什麼，我沒說。

　　走出帳篷外，再走到後山，我指著上方那片雪白的山頭，說：「妳看！那就是阿爾卑斯山！」

　　看到妳驚訝的模樣，不敢相信兒時的夢想終於實現的神情，那一刻，我完成了夢想的第二個瞬間。

終於，妳快樂的離開

第三個瞬間，是看著妳離開的那一刻。

那時，因為我還必須回學校上課，所以不能陪妳一起回家，離開前妳告訴我，妳從來沒想過自己有一天能成為小蓮，能和她一樣走在美麗的阿爾卑斯山上，妳說妳不敢相信自己的夢想竟然可以成真，妳說妳要來歐洲前告訴妳的同事，沒人相信這是真的，可是當妳說，來瑞士的前一天，同事們是第一次抱著羨慕的眼光看妳時，那一刻，妳為自己感到光榮，也為我感到驕傲，因為那天，妳是抬起頭離開的。

離開歐洲前，我幫妳寄好行李，看妳在海關的隊伍裡緩緩前進，等確定過了海關，向我揮手道別的那一刻，看到妳相當滿意這趟旅程的模樣，我知道第三個瞬間實現了，這半年的交換旅程，就算到此為止，也已經值得了。

等到晚上七點鐘，班機確定起飛後，我才離開機場，從機場搭夜車回到學校，要將近九個小時的車程，我戴上耳機坐在窗邊，看著窗外忽遠忽近的燈火與遠方熠熠的星光，眼睛漸漸疲勞，耳裡傳來的琴音，也將我緩緩牽引至夢境，睡意朦朧間，彷彿有人替我輕輕拉上了布簾、披上了被毯，像回到兒時，妳細心疼愛我的模樣。

「晚安，我的守護神。」

▲妳是我的媽媽，上天賜予我最好的禮物。

總有一天，
或許會盼到奇蹟
承接天地的閃耀瞬間

　　初夏，蟬鳴陣陣，山腳下的火車正穿過一棟棟木房，從遠方行駛而來。布萊恩茲小鎮（Brienz）是火車的終點，隨著火車步步駛近，車輪接觸鐵軌的頻率也漸漸緩了下來，屏息、凝視、等候，直到最後一塊拼圖鑲嵌進屬於它的山水畫中，最後，按下快門，承接天地最閃耀的瞬間。

　　「喀拉、喀拉、喀拉……」隨著火車的靠近，車軌接觸的頻次越來越慢，耳際，傳來那熟悉的語調、制式的提醒，是月台上的廣播聲！

▼火車從眼前經過，車軌摩擦出喀拉喀拉的聲響。

當下會令我特別注意，是因為布萊恩茲位於瑞士德語區，這是我第一次在德國以外的國家聽到德語，明明自己也不是很懂這門語言，但心中竟頓時湧起一股莫名的懷念！因為在德國搭過很多次火車，所以在無形中也慢慢聽得懂火車

▲火車緩緩駛進迷人的布萊恩茲小鎮。

月台的廣播內容，還記得一開始會先講火車種類，RE 是區間車、ICE 是特快車，接著會說車號，再來會說 Nach，意思是「開往哪裡」，接著是 Über，意思是「經過哪些地方」，最後說的是 Abfahrt，意思是「幾點發車」。我閉上眼睛，讓熟悉的字句傳進耳裡，霎時之間，腦海中浮現起那漫長艱辛的一年。

規規矩矩的機械式習慣

還記得高三那年，等火車是每天回家的日常，當時為了考上理想的大學，也算卯足了全力，每天下課後就一個人到補習班的自習室裡念書，一念就是到晚上十一多點才離開。起初會擔心趕不上回家的火車，所以都會提早到月台邊等候，但久而久之，自己也開始無意識地調整時間，幾天後，摸清流程了，於是每天晚上十一點十五分準時離開自習室，走五分鐘到車站，五分鐘後火車抵達，十一點三十分正好搭上末班車回家，規規矩矩，分秒不差。當時心想，這種「機械式習慣」還真是可怕，因為不用思考，時間一到，身體就會自己做出判斷，然後日復一日，看似能持續到天長地久，永無盡頭。

中歐篇

別忘了留一盞燈給最後回家的人

從空蕩蕩的自習室裡出來，走過空蕩蕩的街道，來到空蕩蕩月台邊等待，火車即將進站，那熟悉的語調、制式的提醒，再次規規矩矩地出現：「各位旅客您好，十一點三十分，經由山線，開往……請到第一月台，候車。」離開月台上了車，依舊一片寂靜，只聽見喀拉喀拉的車軌摩擦聲在耳裡盤旋，我閉上眼睛，直到十一點四十五分再次踏出車門，此時我會站在月台邊，聽火車喀拉喀拉地駛離，直到一切安靜下來，才會鄭重告訴自己：距離考試，再少一天。

出了站，回頭望一眼冷清的月台，再緩緩走過靜謐的街道，回到家裡，正好凌晨十二點整。推開家門，一樓燈還亮著，牆上貼著一句媽媽親筆寫下的萬年標語：「別忘了留一盞燈給最後回家的人。」

「我回來了。」這句話，我說給入睡的家人聽、說給疲倦的自己聽，也說給半夢半醒的自己聽。

從學校到自習室、從自習室到月台邊、從月台邊到車廂內、從車廂內到家門前，一次次閉眼、睜眼，場景在眼前反覆重演，喀拉喀拉的火車聲，不斷從耳裡呼嘯而過，等到再次清醒，又得準備向一天告別，有時會在自習室裡醒來，有時會在月台邊等待，偶爾在車廂裡休息，亦或在光亮的家門前發呆，一次次入戲、出戲，反覆質疑自己那卑微的戰鬥與野心，偶爾會從疲倦裡驚醒，然後再次告訴自己，再堅持下去，或許有一天，能盼得到奇蹟……

辛苦換來的奇蹟

另一班火車漸漸靠近，耳際，傳來媽媽的呼喊，她要我趕快拿起相機，火車要來了。

「好。」我舉起相機，凝視著鏡頭，屏息等待。

「喀拉、喀拉、喀拉……」車軌接觸的聲音愈來愈清晰，我心想：「這，到底又是哪一次的聲音？」腦海裡，如膠片般不斷閃過那年的場景，

突然間，一道閃光落在眼前，是媽媽的相機；而腦中的畫面，正好落在光亮的家門前。

「我回來了。」他說。

我走向前，拍拍他的肩膀，低聲說道：「你辛苦了。」

「還有，我知道你盡力了……」這次，我說給當年站在家門前，那個盼望奇蹟的自己聽。

「現在的我，就是你辛苦換來的奇蹟。」

▲阿爾卑斯山下的瑞士小火車。

菲斯特（First）—阿爾卑斯山的絕美勝境！

交通 從少女峰山腳下的小鎮茵特拉肯（Interlaken）出發，搭火車前往格林德瓦（Grindelwald），再搭乘纜車約 20 分鐘即可抵達菲斯特。

票價 火車單程 11 瑞郎（Interlaken → Grindelwald）、纜車單程 29 瑞郎（Grindelwald → First）。

布萊恩茲（Brienz）—以木雕聞名於世的湖畔小鎮！

交通 從少女峰山腳下的小鎮茵特拉肯（Interlaken）出發，搭火車即可直接抵達布萊恩茲，車程約 20 分鐘。

票價 火車單程 8.2 瑞郎（Interlaken → Brienz）。

南歐篇

相遇，在平湖驚濤的大千世界

曲目輪轉的完美瞬間

聚會的專屬DJ

近七點，米開朗基羅廣場上，已有許多人架好相機，準備迎接日落的來臨。廣場旁，有一個小棚，棚內有許多衣著正式的男女，走進一瞧，是場私人聚會。桌上擺滿了酒杯，酒杯裡倒滿了紅酒，服務生來回穿梭，就怕招待不周，參與聚會的嘉賓言談舉止甚為有禮，看似非常善於社交，應該是具有相當社會地位的人士的聚會。

這場聚會，男女大都攜伴參加，有的甚至還帶上小孩，令人印象深刻的不僅僅是他們的舉止言談，還有這場聚會的講究程度，除了棚內有美酒佳餚，棚外還有聚會的專屬 DJ，更厲害的是那 DJ 會隨場內的氣氛調整音樂曲調，時而輕快、時而優雅，雖然是棚內聘請的 DJ，但音樂也傳進了廣場每個人的耳裡，不得不說，那年邁的 DJ 很有一套，挑選的歌曲都相當動聽。

米開朗基羅廣場上的私人聚會。

DJ 營造的音樂幻境

　　不久，一位女子脫下肩上的外套，抱著一位小嬰兒朝 DJ 走去，小嬰兒興高采烈地指著 DJ，像是在讚美著什麼，女子向前和 DJ 交談幾句，DJ 點點頭，示意女子沒問題，原本緩慢的音樂頓時停止，只見他低下頭，似乎在重新挑選合適的曲目，而女子則抱著懷裡的小嬰兒，走到一旁等待音樂開始。

▲隨音樂起舞的女子與嬰兒。

　　音樂漸漸響起，那是首非常輕快的舞曲，女子跟著音樂開始左右搖擺，她懷裡的嬰兒笑得極其燦爛，也跟著旋律左扭右動，不時還發出牙牙歡笑的聲音，那可愛的模樣，瞬間擄獲所有棚內男女的心。他們一個個走出棚外，有人跟著音樂打節奏，有人直接跟著女子和嬰兒一起隨意搖擺，廣場上的氣氛相當愉快。

　　我轉眼一瞧，發現 DJ 的嘴角露出一抹淺笑，這一切，似乎就像他精心策畫的劇本。他未曾出聲，但眾人的心情皆隨他切換的音樂起舞，米開朗基羅廣場上，宛若一座小型舞池，時間隨旋律一分一秒過去，場內的男女漸漸走入 DJ 營造的音樂幻境。

米開朗基羅廣場上，佛羅倫斯的動人日落。

DJ 營造的完美瞬間

轉瞬之間，旋律嘎然而止，廣場上一陣寧靜，DJ 轉換了曲風，回到最初緩慢的音樂，而此時舞蹈的人群才漸漸散開，就在女子帶著嬰兒回棚坐下的那一剎那，音樂正式結束。頓時，日光漸散，夕陽沒入雲端，水面被塗上一層淡薄的金黃，橋上的情人、橋下的倒影，在這座廣場上看得格外清晰。耳際，傳來陣陣快門聲響，我知道這是關鍵的一分鐘，趕緊拿起背包裡的相機，捕捉眼前動人的畫面，只是腦中卻不斷浮現一個困惑，為什麼音樂一結束，日落隨即開始？為什麼每次的曲目輪轉，都正好落在某個完好的瞬間？思索間，轉身一瞧，那 DJ 淡定地坐在椅上，他所望的方向，竟不是那極其美麗的夕陽，而是棚內男女緊盯夕陽的陶醉模樣。

我初見訝然，隨即恍然，思之，深感驚嘆。

罷工落難記

火車罷工

　　五漁村（Cinque Terre），顧名思義是五個小漁村，若要進入漁村，必須先從拉斯佩齊亞（La Spizia）搭火車進入，各村落間都有火車站，且各站間的車程一般也不會超過五分鐘，交通相當方便，若想深入探訪五漁村，又不想腳步太匆忙，基本上兩天就很足夠了。

▲義大利‧五漁村。

不過我和阿肉可沒那麼好運，當我們抵達拉斯佩齊亞時，整個火車站被擠得水洩不通。

　　「我的天呀！這是怎麼回事，今天不是平日嗎？為什麼這麼多人？」阿肉大聲驚呼。

　　「你看！排隊的人潮從售票處一路延伸到火車站外頭！難道今天是什麼重大節日？」他用手指著售票亭。

　　「我確定今天不是什麼重大節日，如果有的話，我昨晚上網時一定會注意到的。」我很有信心地說。

　　「照這個排隊人潮來看，起碼要等一個小時才能買到票。」他仔細數有多少人在排隊。

　　忽然我發現看板上的發車時間都寫著紅色的義大利文，有的是橙色的。如果依紅綠燈的常識推敲，綠色應該是準點，橙色是延誤，紅色或許就是……我不敢妄下定論，但心裡已略知一二。

　　「看板上的發車時間很多都顯示紅色，我覺得應該有狀況。」我皺起眉頭。

　　後來有一群人在隊伍前方鼓譟，他們朝著穿制服的人吶喊，我心中瞬間湧起一股不祥的預感。

　　「不會吧！難道又遇上罷工了？」這是我的直覺反應。

　　「很有可能……」阿肉嘆了口氣。

公車罷工

　　其實遇到罷工也不是第一次了，在德國讀書時，有次也碰巧遇上公車罷工，非常不巧的是那天正好有課，通常我都是算準時間出門，因為德國公車非常準時，所以按照往常計畫，幾乎都會在上課前三分鐘抵達教室，但那天我不知道公車罷工，所以一個人傻傻地在站牌旁等待，直到發車時間過了十分鐘，我才開始驚覺不對勁，不過當時完全沒想過自己是遇上「罷工」這種狀況。不久，一位好心的居民看到我在站牌旁傻等，才特地走出門外跟我說今天沒有公車，我當下十分錯愕，因為從學校宿舍走路到學校要將近一個小時，那堂課時間是三小時，為了趕去上課，我馬不停

067

蹄地在路上狂奔，滿頭大汗走進教室，還是遲到一個多小時，當時正在上課的老師還被我嚇一大跳，以為發生什麼大事了，我才氣喘吁吁地說我不知道公車罷工，所以一路從宿舍跑來，但剛經歷一場大混亂，根本無心上課，衣服上的汗還來不及乾，竟然就要下課了！而我又得從學校一路走回宿舍，記憶裡的那天根本就是一場災難。

沒有贏家的抗爭

對於罷工這件事，我倒是相當欣賞德國，前面提到，我在德國交換期間經歷過幾次罷工，除了第一次是一場大混亂外，之後其實就慢慢習以為常了，我詢問其他室友，問他們的作息怎麼都不會被突如其來的罷工影響，他們這才告訴我，公車罷工都是固定在每年的某幾天，因此城裡的居民早就會事先知道，而且新聞也都會提前報導，久而久之，自然不會對民眾造成影響，我聽完當下相當震驚，沒想到德國連罷工都能這麼守序。

我不認為罷工是件壞事，畢竟一個社會能有這樣的權利伸張管道，代表它是夠成熟且包容的，只是要如何在不影響他人生活的前提下表達其訴求，才是我認為最重要、最基本的課題。畢竟罷工者訴求的對象是政府或企業，不管是怎樣的理念或委屈，只要連累無辜民眾，也很難得到社會的認同與諒解。像在義大利的五漁村時，我就能深深感受到當地居民對這場突如其來的罷工的強烈憤慨，甚至有人將怒氣發洩在無辜的站務人員身上，我暗自搖頭，看著火車站前的怒罵與衝突連環上演，只能祈禱這齣荒謬的鬧劇趕快落幕。至於，為什麼會說這是一齣鬧劇？因為對於所有被捲入這場罷工事件的參與者來說，這早已不是什麼理性的「抗爭」，而是一場令人困擾的「意外」！最終，情緒相互牽連影響，不管是義大利政府、鐵路局、火車司機、站務人員、當地居民、旅行者……所有人都因為這場意外而受氣，所有人都是輸家。

▲五漁村房屋顏色相當講究，顏色繽紛綺麗。

絕對樂觀主義者

如果可以，我希望自己是個義大利人

　　我坐在窗邊，等待火車漸漸駛進月台，這裡是瓦倫納（Varenna），義北湖區小鎮之一。此時近初夏，所以一走出站，隨即聽見陣陣蟬鳴，阿肉走在前方，叫我趕緊過去，才走幾步，眼前遼闊的山湖景致頓時映入眼簾，我大感驚奇，沒想到義大利竟有如此絕美勝地，將近有五分鐘的時間，我們默不作聲，拿著相機不斷拍攝，平時不愛拍照的阿肉，此刻竟也拍得如此入迷，這還是我頭一次看到。

藍的徹底的湖泊——科莫湖（Lago di Como）。

　　「如果可以……」忽然，阿肉面帶幽怨，語重心長道：「我希望自己是個義大利人。」

　　「怎麼說？」

　　「你想想，如果我喜歡歷史，可以去羅馬；如果我喜歡文藝，可以去佛羅倫斯。」

　　「嗯。」我點頭表示同意。

「如果喜歡浪漫，可以去威尼斯；如果憧憬時尚，可以去米蘭。」

我再度點頭。

「如果喜歡考古，可以去龐貝；如果喜歡捕魚，可以去五漁村。你說，還有哪個國家有這麼多選擇？」

「確實沒有。」

「最重要的是，像我這麼愛好美食的人，要鹹，有義大利麵有披薩；要甜，有冰淇淋有提拉米蘇……」

「現在就連想要退休隱居，都可以選擇這裡！」

我看著雙眼發亮的他，笑道：「可是幾天前，你的錢包才在羅馬被扒走呢！」

阿肉想起了當時的恐懼，話鋒一轉：「唉，論治安，義大利還真的不行。」我心想，要澆熄一場完美的幻想，果然只需要一個冰冷的現實。

「嘿！那裡有冰淇淋攤，一球才 1 歐元。」他指著一旁的冰淇淋攤。

忽然間，他回頭道：「如果可以，我還是想當義大利人！」說完，便快如閃電地飛奔過去。

「好，好，好。」我站在原地，大笑不已。

▼科莫湖畔的絕美小鎮──瓦倫納。

▲午後的瓦倫納，山水景色極為迷人。

你幹嘛這麼挑剔？

　　阿肉是個絕對樂觀主義者，心裡時常抱持各種天馬行空的想像，坦白說，我挺羨慕這種人，有時你會覺得他少根筋，或是覺得他的幻想不切實際，但他身上散發的那股正能量，卻也很容易在不知不覺中影響自己，和這樣的人一起旅行是相當愉快的，我甚少聽到他的抱怨，看到一個令人失望的景點，或嚐到令人失望的美食，他總能想方設法的安慰自己這不是壞事，有時你會覺得他說服自己的理由很牽強，但他始終能接受自己歸咎的理由，讓自己相信這其實是一件好事。

　　每當他突然傻笑，我馬上就明白，他又陷入自己那美好的想像，雖然我知道，阿肉一定是漏看了什麼，才能永遠保持這種樂觀，但那是純粹犯傻，還是刻意而為？左思右想，實在也沒有答案。有時我都分不清他到底是個單純天真的傢伙，還是個大智若愚的高人。

　　「這冰淇淋實在好吃。」冰淇淋在他手中快速融化。

　　「這家的冰淇淋是不是摻了很多水啊？」我皺著眉頭，因為冰淇淋融化的速度遠超想像。

　　「說不定這是一種特色啊！」他吃乾抹淨，滿足地說道：「你幹嘛這麼挑剔？」

　　我一個斜眼瞥過去，心想，這傢伙果然偏向前者，我竟把他想得如此詩情畫意，還誤以為他是個高人，心裡暗自感嘆。

享受好奇的微笑

　　下午五點，離開湖區，坐在公車上，車上旅客的目光順著斜陽，朝窗外的湖泊一致凝望，阿肉還不時拿起相機拍攝，他臉上的笑意，在薄薄光

線下，竟洋溢著令人羨煞的幸福。我暗自猜想，此時的他，是否又將自己沉浸在哪個美好的時光裡了？那幸福的模樣，是因為眼前的畫面，還是某個他曾經歷的瞬間？

而此時的我，又是因為看到了什麼，想到了什麼，才會在這個當下，露出了這樣的神情？於是，思考間，我緩緩將鏡頭反轉，按下快門，再低頭認真思索，那一刻，照片裡的自己還笑著，我知道，他不是因為眼前的畫面而笑，也不是因為某個過去的記憶而笑，他既不樂觀也不悲觀，他只是對這世間的種種未解之謎、未嚐之趣，露出既想知道，卻又不想太快就知道的快樂——我知道照片裡的他，正幸福地享受著好奇。

INFO

私房推薦★★★★★

五漁村（Cinque Terre）—建造於懸崖之上的五彩漁村！

交通 可從佛羅倫斯出發，搭乘火車前往拉斯佩齊亞（La Spizia），中途須在比薩（Pisa）轉乘；抵達拉斯佩齊亞後，再轉乘私鐵進入各漁村，五個漁村皆設有火車站，各站間車程皆小於 5 分鐘。

票價 義大利國鐵（Florence → La Spizia）：單程 13.5 歐元，車程 2 小時。

私房推薦★★★★☆

科莫湖區—義大利北方的隱世桃源！

交通 建議一日遊，從米蘭出發先搭乘火車前往湖區小鎮瓦倫納（Varenna），再搭乘湖區渡輪到貝拉焦（Bellagio），接著坐湖區巴士到科莫（Como），最後再搭乘火車回到米蘭。

票價
義大利國鐵（Milan → Varenna）：單程 6.7 歐元，車程 1 小時。
湖區渡輪（Varenna → Bellagio）：單程 4.6 歐元，船程 30 分鐘。
湖區巴士（Bellagio → Como）：單程 3.7 歐元，車程約 1 小時。
義大利國鐵（Como Nord → Milan）：單程 4.8 歐元，車程 1 小時。

南歐篇

浪跡天涯的旅人

聽海歌唱的古城

你聽過海的歌聲嗎？

克羅埃西亞的濱海城市札達爾（Zadar），是一個能聽見海洋歌聲的古城。海岸旁有一個巨大的圓圈及許多細小的孔洞，可以利用潮汐的引力將海底的聲音傳至岸邊，這個裝置有個美麗的名字——海風琴（Sea Organ）。

海風琴是世界上獨一無二的裝置藝術，當水流與浪花拍打進深埋在海中的鋼管時，就會如同進入音箱一樣產生共鳴，因為潮汐影響，進入音箱的衝擊力道與時間都不同，所以岸邊一天二十四小時都會發出完全不同的聲音與旋律！

▲ 走進札達爾，就像來到遙遠的中古世紀。

▲ 札達爾海岸旁的美麗裝置藝術。

▲接近日落時分，人們漸漸往海岸聚集。

與陌生背包客的短暫相遇

▲日漸落，漁船漸漸返航。

　　札達爾令人著迷的魔力還不僅於此，除了海風琴外，著名的驚悚大師希區考克曾經說過：「札達爾擁有世界最美的夕陽。」黃昏時分，海面閃爍著金黃，返航的漁船、落日的餘暉，人們喜歡在此時前往岸邊等待日落，一邊吹著晚風，一邊聆聽大海發出的奇妙樂章。

　　我坐在河岸旁，享受著迎面而來的晚風，忽然間，有個年輕男子示意要坐我旁邊。他把身上的大背包卸下擱在一旁，從那個舊背包的大小來看，應該是個旅行很久的人了。他拿起相機，拍了幾張黃昏時的海洋，然後轉過頭來請我讓他拍張照。

　　我點點頭。

　　「你旅行很久了嗎？」我好奇地問他。

　　「這是第四個月了。」他的英語不太標準，聽起來像日韓的年輕人。

　　「你旅行這麼久了啊！難怪你的鞋子看起來很舊，不換一雙新的嗎？」我笑笑地說，並用手指著他那雙破爛不堪的鞋子。

　　「明天我就會去買新的了，我剛從義大利過來克羅埃西亞，打算在這裡補貨，這裡物價比義大利親民多了。」此時一艘大漁船緩緩靠近，他再

度拿起相機，安靜地等著，可能在等待最好的時機按下快門，拍完，他露出一抹淺笑，雖然覺得他的笑容中帶有一絲哀傷，但我不敢多問。

「那個，你今年多大啊？怎麼可以出來旅行這麼久？」我好奇地問。

「我今年二十八，半年前辭職把存下來的錢拿來旅行，國內太壓抑了，我覺得每天都被工作壓得喘不過氣。」

「你該不會想把所有積蓄都花在旅行身上吧？」我接下去問。

「當然不會，但畢竟從首爾飛來歐洲也要十幾個小時，所以也不想待幾天就離開，我有每天記帳，出發前我有給自己一個預算的上限，如果一超過就會回去。」原來他是個韓國人。

「你呢？你看起來很年輕耶！」他看著我。

「我在德國當交換學生，趁著假日出來走走，因為這週從我們那個城市飛來札達爾只要 24 歐元（臺幣大約 850 元），所以我就來了，但兩天後我就要回學校上課。」

「真羨慕你呢！我以前也希望可以來歐洲讀書，不過那時英文不好，又沒有勇氣申請，還來不及下定決心就畢業了。」他感嘆道。

我們在岸邊交談很久，聊著各自旅行時發生的點滴，而夕陽早已消失在地平線的另一端，後來才想到我住的旅社在住宅區，從這裡出發要走大約四十分鐘，所以不能太晚回去，我匆匆向他道別，轉身離去。

▼從落日下穿越而過的漁船。

▲天色漸暗，遠方村落的燈火開始明亮了起來。

惆悵的滋味

　　一直覺得，能擁有一段美好的相遇是旅行中很容易獲得的快樂，但同時，也經常要面對一段緣分的失去，畢竟轉身之後，天涯各一方，要再相遇太不容易了。在回想起某段故事時，忽然有那麼一個瞬間，故事裡驀然出現一個身影、一段對話，或是一個聲音，讓人心頭一緊，這股滋味，我想也是在失去之後，唯一所能留下的，最珍貴的東西了。

　　是啊！那股模模糊糊、空空蕩蕩的……惆悵。

　　「可是人生，又有什麼東西是可以不會失去，或是不能失去的呢？」

　　回程，思索著，一路上，星光燦爛。

我……會死在這裡嗎？

水流狂野的咆哮

「我……會死在這裡嗎？」水滴不斷落在身上，盛怒的水流正發出狂野的咆哮。

氣勢磅礡的瀑布，如萬馬奔騰般由上湖區俯衝而下，濺起的水花鋪天蓋地而來；這裡是克羅埃西亞的十六湖國家公園（Plitvice Lakes），我張開雙手，感受那一刻水流狂野的怒吼，閉上眼睛，畫面漸暗，彷彿又回到那時，在玉山頂峰掙扎的致命瞬間。

◀▲十六湖的磅礡水流。

▲位於玉山半山腰的排雲山莊。

▲離開排雲山莊後，濃霧漸漸襲來。

糟糕，開始下雨了！

　　凌晨三點鐘，離開排雲山莊後，開始朝玉山主峰前進，我和朋友小泉走在隊伍的最後頭，黑夜裡，什麼也看不到，幸好領隊小松經驗豐富，所以一切還算安全，但走了三十分鐘後，耳邊開始傳來滴答滴答的聲音。

　　「你有聽見什麼聲音嗎？」我問走在後方的小泉。

　　他一把抓住我，驚恐地說道：「我沒聽見啊！有什麼聲音!?」

　　「沒事，應該是我聽錯了。」

　　「我要走你的前面！」他話一說完，立即衝到我前頭。

　　後來，那滴答滴答的聲音越來越清晰，頻次越來越快，開始從四面八方傳來。

　　「糟糕，開始下雨了！」我當下很震驚，還記得出發前，還能看見滿天星斗，證明玉山還沒被雲層壟罩，怎麼才經過半個小時，天氣說變就變？

　　「各位！我們腳步要快！」小松向我們大喊。

　　我馬上提醒前方的小泉：「你一定要跟上啊！我是跟你走的。」眼前濃霧瀰漫，我唯一能辨識的只有小泉安全帽上的頭燈。

南歐篇

變化莫測的危險

　　海拔近四千公尺的玉山，最危險的路段在最後的「碎石坡」，因高山地帶草木生長不易，最後的路段全部都是碎石，所以在攻頂前，要踩著碎石步步向上，有的地方有鍊條可以抓，有的地方因鍊條鬆落，只能抓穩固的石頭，小松說「碎石坡」是玉山最常發生意外的地方，尤其是氣候不佳的時候，濕滑的碎石最容易發生危險。他說他曾經認識一個帶團經驗豐富的年輕領隊，某次攻頂時，那位年輕領隊察覺氣候不佳，判斷團員難以攻頂，於是將團員留在排雲山莊，卻自己一個人向主峰挑戰，結果就再也沒有回來了。

◀踩在碎石路上，我們步步向前。
▼艱險無比的碎石坡。

玉山頂峰的致命瞬間

抓緊石頭，我和小泉步步前進，雨滴落在碎石上，傳至耳裡，竟發出震耳欲聾的聲響，濺起的水花鋪天蓋地而來，幾乎要擋住前方視線，轉身看一眼碎石的後方，心裡為之震驚，只要稍有不甚，就會滑落山谷，突如其來的大雨，竟為攻頂帶來前所未有的危機。

「你還行吧!?」我向前方的小泉大喊。

「專心走！別說話！」他完全不敢向後方看。

「好，爬上主峰再說！」我放開一隻手，繼續尋找另一顆可以抓住的碎石。

雨勢逐漸變大，雨滴不斷落在身上，盛怒的水流正發出狂野的咆哮。

「我……會死在這裡嗎？」抓著濕滑的碎石，我奮力前進。

幸運地，我們逃過死神的魔掌，安全抵達玉山主峰，站在山頂放眼望去，濃厚的雲層鋪天蓋地，什麼也看不到，但登上山頂的那一刻，心裡卻格外激動，我張開雙手，閉上眼睛，冷冽的寒氣隨四濺的水花透進身體，我微微顫抖，畢竟那是第一次親身觸及死亡邊緣，那一刻的恐懼，就像被獅群盯上的綿羊，在自知無力抵抗之際，在知道會被撕咬啃食以前，面對那即將告別的生命與世界，發出那極為無力的懷疑啊！

▲濃霧大雨中，我和小泉終於登上玉山主峰。

命運釋放的美麗善意

轉瞬之間，記憶裡的雲層漸漸散去，我緩緩睜開眼睛，這裡是克羅埃西亞的十六湖國家公園，相似的場景，竟再度激起當時的恐懼，諷刺的是，玉山的那場大雨，依然沒有讓我學到任何教訓，我們所有人得以從大雨中倖存，而小松口中那位優秀的年輕領隊卻意外死去，這一切，似乎沒有任何可以歸咎的

▲綠意盎然的十六湖國家公園。

原因，唯一能學到的，也不過是認清命運的荒謬與隨機而已。

「不過今天……」我望著十六湖國家公園的上方，「卻還是個美麗的晴天呢！」那一刻，對命運釋放的善意，心裡竟也格外感激。

INFO　　　　　　　　　　　　　　　　私房推薦★★★★☆

十六湖國家公園（Plitvice Lakes）─克羅埃西亞的最美仙境！

交通 從札達爾公車總站出發，搭乘十六湖國家公園接駁巴士，約 2 小時即可抵達。

交通票價 來回 165 庫納。

景點門票			
	1/1 ～ 3/31 、 11/1 ～ 12-/31	4/1 ～ 6/30 、 9/1 ～ 10/31	7/1 ～ 8/31
成人 1 日票	55	110	180
學生 1 日票	45	80	110
成人 2 日票	90	180	280
學生 2 日票	70	130	180

＊貨幣單位：庫納（KUNA）

▲綠意盎然的十六湖國家公園。

無形的信仰魔力
共乘計程車

▲希臘・梅特歐拉。

梅特歐拉（Meteora），希臘語意指「漂浮之石」。若想拜訪這座美麗的天空之城，須從雅典搭火車前往，班次固定，早上八點半發車，到卡蘭巴卡（Kalambaka）小鎮下午一點半，車程大約五小時。若要當日往返，回雅典唯一的火車是下午五點半發車。若打算天空之城一日遊，停留時間必須算得精準，而且所謂的天空之城，其實就是突出於巨石上的美麗修道院，因為不只一座，所以大量繞行山路是必須的，可是當地公車系統並不發達，除自駕外，在如此壓縮的時間內要參訪坐落於各山間的修道院，只剩「搭計程車」這個最直接的方法。

下了火車，離開車站，見一輛輛計程車停靠站前，示意要前往各大修道院。到這裡之前，曾聽說搭計程車最方便，不過因為擔心破費，所以一直未將此計列入考量，但下車後才發現搭公車往返一定來不及，眼看時間一分一秒過去，我和阿喵左思右想，似乎搭計程車是最好的辦法，不過共乘要找齊人數，兩人花費必定很傷，沒想到很幸運地遇上兩位臺灣女生也要前往，於是，我們四人決定一起叫一部計程車。不久，一輛計程車在我們面前停下，向我們報價 60 歐元，要載我們前往天空之城，我們暗自思量，四人均分，一人 15 歐元，似乎還可以接受。

　　「好，麻煩您了，請務必在五點半前載我們回到車站。」

　　「沒問題！歡迎搭乘。」他盛情地邀請我們上車。

深不見底的信仰魔力

　　司機熟練地開著山路，帶我們各處參訪，我仔細研究這些座落於巨石上的修道院，院內的壁畫與雕刻相當講究，不時還能聽見教堂傳出的悠揚琴音，看著身著黑袍的修道士們虔誠祈禱的模樣，心裡總讚嘆著信仰的力量，要耗費多少心力與犧牲，才有辦法在如此巍峨的巨石上建造起一座又一座的修道院？壁畫旁，琴音下，有些黑袍道士正在低頭祈禱，他們都是非常非常虔誠的東正教徒，我雖不是信徒，但經過他們身旁，也總會不自覺地收起相機安靜走過，畢竟那極其專注的神情，實在令人肅然起敬。

　　關於信仰，我內心總有個疑問，既沒人見過真神，在科學上又無從考證，那為何還有人願意深信不疑呢？後來才漸漸明白，原來信仰不是因為「真」，所以人才願意信，而是因為人願意信了，祂才能逐步成真。畢竟何謂「真理」，無人知曉，有些人認為無關緊要，但也有些人願意探其真意，並一輩子追尋到底，所以努力信仰神佛或上帝、鑽研佛法或聖經，我雖然不是東正教徒，但來到這裡，心裡不僅讚嘆著建築的奇蹟，更感受到在這些建築背後，那道崇高、無形，卻又深不見底的信仰魔力。

▲巨石上的寧靜修道院（須注意院內嚴禁攝影，驚擾信徒的祈禱是相當失禮的）。

司機的隱藏拍攝地

　　在司機的引領下，我們參訪了四座修道院，離開前，因為還有一些時間，他特地載我們到一處石頭旁攝影，在這裡可以俯瞰眾多修道院，算是司機額外送我們的小禮物，回到車站時，正好下午五點二十分，時間算得非常精準。離開前，我們一一向司機道謝，並各自付了 15 歐元，我發現身上零頭不夠，他很大器地說沒關係，請我們趕快去搭車，那既豪邁又和藹的模樣，令人深感窩心。

　　從天空之城回雅典，車程依舊五小時，坐在車內，天空暮色漸沉，遙望遠方修道院，燈火已漸如繁星。

▲卡蘭巴卡火車站。

▲司機推薦的巨石拍攝地。

希望，永不消逝

穿越愛琴海

早上七點三十五分，船班準時離港，由雅典出發，行經愛琴海各大島嶼，終點站羅德島，到聖托里尼船程約六個半小時，價格約 40 歐元，實在不便宜。

但因為是大型船隻，坐起來相當平穩，鮮少有暈船的狀況，內部裝修非常精緻，應有盡有。船上有許多層甲板，甲板外有許多塑膠椅，供人坐在欄杆旁看海，這真是個貼心的設計，只是欄杆稍高，坐下來會微微擋住視野，許多人會解開欄杆最上層的鎖頭，將

▲希臘‧愛琴海

▲仔細瞧瞧，活動插銷可以降低欄杆高度。

其降低，以便能看盡整片海洋，起初有水手前來勸導，但微微降低欄杆高度並不至於造成危險，所以眾人也未遵其指示，後來水手也睜一隻眼閉一隻眼，僅是廣播請甲板上的旅客注意欄杆高度，以防危險。

喜歡自由的朋友

走出甲板，我拉張椅子坐下，見四周的人皆已降低護欄，我作勢也要放下欄杆。

「等等，你要做什麼？」一旁，一位年輕男子阻止我放下，聽他口音，絕對是個英國人。

「降低護欄，視野會比較清楚。」我轉身向他解釋。

「這樣可以嗎？」

「剛剛有廣播，沒問題的，你沒發現旁邊的欄杆都比較低嗎？」我向左右一指，他才恍然發現。

「好了，這樣好多了！」我拉著椅子，找個好視野坐下。

「謝謝你啊！真的看得更清楚了。」他接著問我：「你一個人來嗎？」

「不，我和另一位朋友一起來的，他正在大廳的沙發上休息，我想說出來看看海。」答完，我接著反問他：「你呢？你是一個人來的嗎？」

「我來這裡找朋友，之前去法國讀書認識一個很好的朋友，他是希臘人，而且住在羅德島，我趁著工作空檔出來找他。」

「他是個怎樣的人？讓你不辭千里來找他？」我再接著問。

「他是一個奇怪的人。」

我大笑道：「哈哈！你怎麼這樣說！」

「真的！他還沒拿到學位，就跟我說他想要回老家（羅德島），他說他想在島上開一家衝浪店，我以為他在開玩笑，結果過沒多久那傢伙就來跟我道別，還叫我一定要回羅德島找他。」

「哇！那傢伙真奇特。」我相當驚奇。

「總之，他是個喜歡自由的人，就跟安迪（Andy）一樣。」

「安迪？《刺激一九九五》（The Shawshank Redemption）裡的那個安迪嗎？」

「對！你也知道這部電影!?」他大為驚奇。

我故作嘲諷地瞥了他一眼，說：「這部電影紅遍世界好嗎！」

「所以，你是那個被關了四十年，剛剛出獄的瑞德囉？」

他大笑道：「你少囉嗦！」

美好的事永不消逝

　　我倆在甲板上聊了許多，他跟我分享一些在法國讀書的趣事，以及那位朋友奇特的事蹟，我則和他聊一些在德國交換的種種不適應，以及臺灣的一些風俗民情，令我意外的是他竟然對臺灣相當感興趣，還說他曾在法國上過中文課，我請他說兩句給我聽聽，他死不願意，說自己的中文爛得可以，我三催四請，他只好硬是擠了一句，他說完，我一愣，請他用英文解釋中文，然後再說一次，竟還是完全聽不懂，但看他努力說中文的樣子，實在相當有趣。

　　不久，船隻漸漸駛近聖托里尼，是時候去大廳找阿喵了，我向這位英國男子道別，並祝他早日見到他的安迪，他彬彬有禮地向我點頭，祝我在聖島玩得愉快，忽然間，我想起了《刺激一九九五》裡的一句經典台詞，那是安迪在信中告訴瑞德的話，我相信眼前這位英國男子一定知道。

　　「希望是好事？（Hope is a good thing, right?）」我說。

　　「而且美好的事永不消逝！（And no good thing ever dies!）」他馬上接出下一句。

　　「你懂我！（You get me!）」我回頭對他說。

　　「旅途愉快！（Enjoy!）」他坐在椅子上，向我揮手道別，當下我也點頭回敬，我知道他是一個和我相當聊得來的朋友，雖然想珍惜，但我知道我們應該不會再見，要告別這段難得的緣分，心裡實在惋惜。

　　下一站是羅德島，我希望他能早日與朋友相聚，站在碼頭邊，遠望船班漸漸駛離聖托里尼，此時，忽然想起了電影最後的片段。

　　下文擷取自《刺激一九九五》最後片段：

　　瑞德懷著希望，踏上旅途，坐上了前往芝華塔尼歐的巴士，他想見到安迪，望著車窗外的天空，瑞德說：

　　I find I'm so excited, I can barely sit still or hold a thought in my head. I think it's the excitement only a free man can feel, a free man at the start of a long journey whose conclusion is uncertain.

　　我激動的坐不住，我想只有自由人才會這麼興奮吧！一個開始踏上未知旅程的……自由人。

I hope I can make it across the border.

我希望我能成功越過邊界；

I hope to see my friend and shake his hand.

我希望見到我的老友，和他握手；

I hope the Pacific is as blue as it has been in my dreams.

我希望太平洋如夢中一般藍；

I hope……

我希望……

Hope is a good thing, maybe the best of things, and no good thing ever dies.

希望是好事，或許是人間至善，而美好的事永不消逝（出自《刺激一九九五》）。

靠近美好與永恆的數秒

追尋最美的日落

聖托里尼北方小鎮伊亞（Oia）據說可以看到世界最美的日落。一般來說，前往伊亞只需要搭公車從島上第一大城費拉（Fira）沿山路而行，大約二十分鐘就會抵達，不過阿喵卻有不同的提議。

「乾脆我們用走的吧！聽網友說費拉到伊亞沿途非常漂亮喔！」阿喵很有趣，他非常信任網友說的話。

「又是網友！我們都不知道被你口中的網友糊弄多少次了！如果搭公車過去才不到 2 歐元，但走路的話可是要三小時以上啊！」

「真的要走那麼久嗎？」他驚訝地打開導航，路途果然非常遙遠。

「嗯……那還是要搭公車過去？現在才中午而已，如果搭公車到伊亞，還要等上好幾個小時才有日落，而且先逛伊亞的話，明天就沒有行程了。」他苦惱地說。

「現在是正中午，你看陽光這麼強烈，如果要走的話，可是要頂著太陽走三個小時，雖然還是可以追上日落時間，不過我想還沒走到伊亞，就已經先熱死在半路上了吧！」我有點不想走，畢竟天氣真的很熱。

怎麼可以被他瞧不起

才回頭向公車站走了幾步，一個老先生快步向我和阿喵走來，從我們兩人中間穿越而過，看樣子他是打算「徒步」前往伊亞，我們回頭看了他一眼，他竟然也碰巧回頭了，他的眼神像是在鄙視我們兩個年輕人竟然要搭公車過去，他回過身，我們都清楚看見他輕輕搖了搖頭，被這個老傢伙一激，我可忍不下去。

「不行！我們要用走的！我們必須要用走的！怎麼可以被那個老傢伙瞧不起！」我大聲地說。

▲▶往伊亞的山路上。

「那就走吧！說不定網友沒有騙人。」讓我驚訝的是，阿喵這時竟然還在糾結網友說的話。

後來我們開始一路從費拉走到伊亞，雖然沿途經過很多美麗的小村莊，也在懸崖上看到壯闊的愛琴海，但一路上實在太少遮蔽物，在豔陽的無情照射下，體力消耗迅速，沿途都是上上下下的碎石坡，我們兩人穿著夾腳拖不停走著，沿途遇到一位背包客跟我們打招呼，當他一瞧見我們兩人穿的是夾腳拖時，還不自覺地喊了一聲「哇！」，他那驚訝的神情讓我印象非常深刻，心裡多希望他是那個鄙視我們的老傢伙啊！

美好與永恆的交會瞬間

　　雖然辛苦地走了將近三個小時才到伊亞，但沿途風景真的很漂亮，心裡覺得非常值得，有趣的是當時實在太渴，一走到伊亞，我們立刻去附近店家買可樂喝，而一罐可樂的價錢，竟然比從費拉坐公車到伊亞還要貴。

　　「我們流了三個多小時的汗走來這裡，花的錢比坐二十分鐘的公車還貴耶！」我大笑道。

　　「很值得啊！不是嗎？」阿喵一鼓作氣喝掉手中那罐冰涼的可樂。

　　喝完可樂，我們找個地方坐下來休息，看看時間，六點三十分，天空漸漸變紅，距離日落，還有三十分鐘。

　　六點五十五分，夕陽靠近雲端，周遭的人拿起相機準備，此時還能聽見談笑的聲音。

　　七點整，按下快門。這一刻，大地陷入寂靜，凝視、捕捉、沉默、擁抱、親吻……

　　七點零一秒，七點零二秒，時間繼續走著。

　　長久的等待，就為了這一刻，為了迎接生命中最靠近「美好」與「永恆」的這幾秒鐘。

▼聖托里尼・伊亞，遊客等待欣賞日落美景。

梅特歐拉（Meteora） — 隱世獨立的天空之城！

交通 從希臘首都雅典出發，搭乘火車前往卡蘭巴卡小鎮（Kalambaka），
再租車自駕或共乘計程車往返各修道院。
票價 義大利國鐵（Athens → Kalambaka）：單程 10.5 歐元，車程 5 小時。
共乘計程車 價格約 60 ～ 75 歐元之間。

聖托里尼（Santorini） — 愛琴海的夢幻藍白世界！

交通 從希臘首都雅典出發，搭乘愛琴海渡輪即可直達聖托里尼，若趕時間
可搭乘瑞安航空往返雅典，但價格非常昂貴。
票價 愛琴海渡輪（Blue Star Ferries）（Athens → Santorini）：單程 39.5 歐元，
船程約 6 小時。
瑞安航空（Ryanair）（Santorini → Athens）：價格極不穩定，但至少 50 歐
元起跳，航程 20 分鐘。

▼聖托里尼‧伊亞日落時分。

▲聖托里尼・費拉日落時分。

▲聖托里尼。

南歐篇

東歐篇

流浪，享受一場孤獨與自由

露宿維也納
大門深鎖的旅館

　　深夜，飛機降落維也納機場，比預計時間晚了一個多小時抵達，我和阿肉拎著行李，在機場繞了又繞，還是找不到前往市區的公車，已經接近凌晨十二點，打電話給旅館又無人接聽，我們正思考著晚上該如何度過。

　　「還是今晚睡機場大廳吧？」我提議。

　　「可是我們已經預付了住宿費，我想旅館的櫃檯人員應該會幫我們留床位吧！」阿肉說。

▲維也納中央車站。

「但如果去旅館發現櫃檯人員已經下班，又該怎麼辦？」我很擔心。

「應該不會，我上飛機前有發訊息通知，他們說會幫我們延後入住時間，但他們不知道我們的班機誤點就是了。」

我走進大廳繞了一圈，發現每個椅子旁都有扶手，代表如果要睡大廳，只能坐著睡而不能側躺，這是最糟糕的睡法了，根據我睡過無數機場的經驗，這種椅子絕對難以一夜好眠。

黑夜裡，流經維也納的多瑙河。

「還是趕快搭公車去市區吧！說不定櫃檯人員還沒下班，要睡這種椅子太痛苦了，而且附近很多人遊蕩，我擔心行李會有危險。」我提議盡快離開。

「好，我也這麼認為，快走吧！」

我們背著行李，一路從機場坐公車到車站，再從車站搭地鐵到旅館附近，再一路走到旅館，等我們走到門口，悲劇還是發生了。

「完蛋了，燈是暗的⋯⋯」我已經猜到今晚的結局。

「我打看看櫃檯電話。」阿肉撥了幾次都沒有人回應，從門外還能聽到大廳電話的聲響。

我看了一下錶，將近凌晨一點，這個時候大部分旅館都已經關閉，四周是住宅區，很難再找到其他旅館。

分秒如年的一夜

「我看乾脆睡門口好了，反正再過五個小時就可以入房了，亂跑也不見得有其他地方可以睡。」阿肉席地而坐。

「好吧！也沒其他選擇了。」我拉起外套，閉上眼睛，就這樣，我和阿肉在旅館外的街頭過了一夜。

但入夜後，氣溫驟降，外套完全無法禦寒，又不能翻身或將外套掀開，那五個小時，簡直分秒如年。

忽然間，我意識到身旁有人在輕輕呼喊，遲疑了數秒，才發現那不是夢，拉開外套，看見一個朦朧的身影在向我揮手，見他手中拿著一串鑰匙，才知道是櫃檯人員。抬頭一望，已是一片明亮，原來已經清晨五點了，我們睡眼惺忪地辦了入住手續，進到房間又睡了一整個早上，直到再次睜開雙眼時，身體感覺到的已經是柔軟的枕頭和床墊。

　　此時腦袋還在放空，我下意識地摸摸棉被，接著翻了個身，看到窗外的天空，這才慢慢清醒過來，原來我已經躺在旅館裡了，雖然寒冷的夜已經過去，但腦海裡卻抽離不了那個場景，那種無助感，實在令人窒息。

來自環境的考驗

　　許多歐洲大城市外表看似光鮮亮麗，可是每到夜裡，幾乎都有遊民在外遊蕩，不只是義大利，就連相當進步的德國也是如此，所以歐洲的治安問題一直比臺灣還嚴重許多。閉上眼睛，回想起他們眼裡的那種空洞、無奈、辛酸……令人畏懼，也令人同情。衣食足，方知榮辱，反過來說，知榮辱前，需先衣食足。我時常想，每個良善的背後，需要靠多少物質來維繫？自己內心那道由道德構築的城牆，在經歷現實的考驗後，是否也會逐漸崩塌？

　　我相信一個人的美德好壞、品德高低，不來自天性，而來自環境。只是，論環境，又有多少是自己可以決定？在這些黑暗的角落，是人的墮落，還是環境的脅迫？是人自作孽，還是環境不可活？是人創造出悲劇，還是環境策畫的不得已？我不知道，也看不出來。但我知道，我比起他們更幸運，不是因為我生性就比較豁達大氣坦然，只是比起他們，我擁有更多善良的本錢，而這些東西，尚未被考驗殆盡而已。

湖區的冒險旅程

錯過末班車了！

　　明亮的湖泊像顆澄澈透明的珍珠灑落人間，美麗的房舍、古老的街道穿梭湖濱，與壯闊的山湖景致互相調和，描繪出最動人的一幅畫。群山環繞的奧地利湖畔小鎮——哈爾施達特（Hallstatt），就像一座遺世獨立的桃花源，寧靜自在的氛圍，讓人不由自主忘記了煩惱，只為讚嘆眼前這一刻純粹的浪漫。

▼奧地利湖區小鎮：哈爾施達特。

老實說，奧地利湖區的住宿真的不便宜，尤其是名聲響亮的哈爾施達特，為了節省旅費，我住在哈爾施達特對面的村莊——上特勞恩（Obertraun）。

還記得某個晚上要從哈爾施達特搭公車回村時，赫然發現當天是假日，而湖區公車最晚只到下午五點，看了看時間已經七點了，旅社在五公里遠的另一頭，天色漸暗，附近連個計程車站都沒有，心裡懊悔沒有事先看好回村的時間，我站在公車站牌前徘徊，不知該如何是好，此時跑來了一個皮膚黝黑的年輕女背包客。

「你要回上特勞恩嗎？」她的臉色很焦急。

「對，可是我錯過末班公車了。」

「我也是！我也要回上特勞恩！剛剛去問附近店家有沒有計程車可以叫，但他們都說現在太晚沒有計程車了，我也在苦惱該怎麼回去……」雖然她也回不去，但遇到我（第二個淪落人）之後，似乎放心了不少。

「那……要不就一起用走的回去吧，好像也沒別的辦法了，天色已晚，我們得加緊腳步。」我說。

「也只好走五公里回去了。」她沒自信地點點頭。

令人不寒而慄的野狗怒吼聲

因為是靠著湖濱公路行走，沿途幾乎沒有路燈，路上真的很暗，我們心裡都很害怕，不是怕鬼，是怕狗。因為走在路上，耳邊不時會傳來野狗的吼叫聲，那聲音讓人聽得不寒而慄，我們沿途都不敢說話，就怕引來野狗群，我走在前方，一邊用手機定位一邊照明，她則是專心跟緊我，還有負責注意附近有沒有野狗襲來，可能是害怕產生的心理作用，只要有任何風吹草動，她就以為是野狗，然後緊張地抓住我，我告訴她不用擔心，如果真遇到了，要跑也跑不掉，現在回想起來，連自己都不敢相信，為什麼當時可以這麼冷靜地說出這麼可怕的話。

經過一個多小時的走走停停，我們終於安全抵達上特勞恩，我陪她走回旅社，她上前給我一個擁抱，謝謝我陪她走過來。

「還好沒有遇到野狗，沿路那些野狗的吼叫聲真是太可怕了！」她一邊說一邊擦著臉上的冷汗。

「妳是哪裡人呀？」看著她黝黑的膚色，我好奇地問。

「智利！你呢？你是日本人嗎？」她反問。

「我來自臺灣喔！」身在歐洲，外國人對黃種人基本上只有三種猜測，要不是中國人，就是日本人，再不然就是韓國人，連說臺灣（Taiwan），都經常會被誤會成泰國（Thailand）。

「妳以後還敢繼續一個人旅行嗎？」我笑笑地問她。

她沒有絲毫猶豫，勇敢地說：「會！但不是上特勞恩了。」她大笑道，那爽朗的聲音，實在令我永生難忘。

旅行的滋味

因為旅行，我常常有機會看到各式各樣的人們，有熱血的背包客在挑戰世界、有浪漫的情侶在構築世界、有奢華的夫婦在享受世界、有年老的夫妻在品嚐世界，好像每種旅行者都在詮釋著各自不同的人生階段。有人曾對我說，很羨慕我能這麼年輕就開始旅行，但其實我也同時羨慕著他們，羨慕著情侶間的甜蜜，羨慕著夫婦間的情誼，也羨慕著老夫老妻之間彼此的永誌不渝。

我想任何人在任何時候用什麼方式旅行，都很難去區分好壞，旅行就像生活，每個人都有一套最適合自己的活法，每一刻風景，每一段旅程，酸甜苦辣都是滋味，親自品嚐過後，才會在心中留下價值與意義，而滋味如何，也只有當下的自己最明白。

▲奧地利湖區小鎮：哈爾施達特（Hallstatt）。

離別與牽絆

與奧地利老奶奶的相遇

　　今天的聖沃夫崗（St. Wolfgang）下著綿綿細雨，來到此地已近黃昏，天色漸暗，而下榻的旅社卻是在兩公里外的村莊——里德（Ried）。雖然一路上有美景相伴，但雨勢讓心裡顯得有些浮躁，走了將近一小時到旅社，出來迎接我的是一位親切的奧地利老奶奶，她一拐一拐地走出屋門，給我一個擁抱，並帶我參觀她美麗的家。老奶奶不會說英文，但說著德語的她還是散發出滿滿的熱情與活力，即便我只聽得懂一些。老奶奶家裡還養了一隻可愛的小貓咪，喜歡對人撒嬌，她說這隻貓是被人棄養的，剛帶回來時非常虛弱，而且不敢靠近人類，她花了很長一段時間才讓貓咪恢復健康與自信，因為聖沃夫崗天候不佳，出門不便，所以我哪裡都沒去，倒是花了不少時間在逗老奶奶家的小貓咪，以及用殘破的德語和老奶奶聊天。

▲奧地利湖區小鎮：聖沃夫崗。

東歐篇

▲清晨，窗外正下著綿綿細雨。

旅行的小習慣：寫日記

　　隔日清晨，還未睜開眼睛，便知道昨晚的祈禱並沒有奏效，湖區的天空依舊被烏雲層層壟罩著，細細的雨滴輕輕敲擊著窗緣，看著漸大的雨勢，心裡難免有一絲落寞與感傷，因為這天是在聖沃夫崗旅行的最後一天了，走到窗邊的書桌坐下，拿起筆記，開始整理這趟旅行的點滴，其實每到一段旅程的最後，我都會習慣花一些時間整理這段日子發生的故事，就算只是雲淡風輕的記憶，我也會忍不住動筆寫下來，總要到劃上句點的那一刻，心裡才會真正感到安心，就像是閱讀一本書，非得看到一個段落結束，才願意把書闔上，我喜歡這種踏實的感覺。

與奧地利老奶奶的離別

　　到了要離開的時候，我跟老奶奶說我希望能帶一塊麵包當午餐，話還沒說完，她立刻拉起我的手走進廚房，拿一個塑膠袋給我，多放幾塊麵包和水果在裡頭，叫我不要客氣，多帶一些離開，當雙手被老奶奶緊握時，心裡滿是感動。

▲離開前，我與奧地利老奶奶一起在飯廳合照。

　　是時候離開了，我上前給這位和藹的老奶奶一個擁抱，她在我左右臉頰各親一下，這是歐洲人習慣的道別方式。離開前很不捨，我知道可能沒有機會再回來看她，老奶奶年紀大了，而轉身後，就是天涯各一方，我嘆了口氣，背起背包，輕輕關上門，她走到窗邊向我道別，手中還抱著那隻可愛的小貓咪，站在屋前，我對著窗內的老奶奶揮揮手，她輕輕抓著懷裡貓咪的手向我揮別，那模樣甚是慈祥。霎時，窗外飄落的雨滴，竟也漸漸地模糊了窗內的身影。

學會接納，是一輩子的課題，無論是接納
一個人的出現，還是接納一個人的離別。

欣賞之美

彩繪塔頂的攝影好手

　　捷克最長的河流——伏爾塔瓦（Vltava），蜿蜒流經這座美麗的小鎮，鮮紅的屋瓦、遍地的石板路，來到這裡，就像走入遙遠的中古世紀。此時庫倫洛夫小鎮（Český Krumlov）正值雨季，午後會下一場大雨，被雨水清洗後的屋瓦會顯得格外鮮紅，極為美麗。

　　站在彩繪塔頂，身旁行人來來去去，因為雨勢稍大，許多人聚集在塔頂等候雨停，這裡可以俯瞰全鎮，是攝影的絕佳位置，待照片拍得差不多後，見一位年輕男子獨自背著單眼相機上塔頂拍照，他的身形略瘦，目測二十有五、瀏海微厚、顴骨微高，眼睛瞇瞇的，應該是個韓國人。上塔頂後，他相當專注在攝影，我雖不懂單眼，但瞧他不斷調整的動作，估計是個攝影好手。十五分鐘後，他心滿意足地放下相機。

▲彩繪塔頂俯瞰雨中小鎮。
◀捷克童話小鎮：庫倫洛夫。

東歐篇

最重要的攝影訣竅

「你好，剛剛看你拍照的姿勢，似乎相當在行喔！」我說。

他微微笑，神情略顯羞澀，輕聲道：「我沒有很厲害啦！」

「可以借我看你拍的照片嗎？」我問。

「沒問題。」他將相機微微提起，一張張切換，我仔細一瞧，沒想到十五分鐘的時間，他竟才拍十張，數量雖少，但每張都堪稱經典，重點是他相當會取景，這正是我在追求的境地。

「你拍得真好！請問一下，你取景有什麼訣竅嗎？」我好奇地問。

他先是有禮地向我道謝，隨後說：「取景的訣竅嗎……」他努力思考。

「我學過一些，像是主題、構圖、角度、焦距……似乎還有許多細節，我其實也不是很清楚。」

▼清晨的庫倫洛夫小鎮。

「那你認為最重要的訣竅是什麼呢？」我再問。

他皺皺眉，低頭若有所思，隨即靈光乍現，大聲道：「等待！」

「等待？」

「沒錯！等待。」他解釋：「看到一個動人的景色時，我會先等待，不急著拿起相機，先用眼睛欣賞，在腦海中記憶畫面，若浮現出可以形容那個畫面的文字，我才會按下快門！」

「哇！原來如此！」我瞪大眼睛，心裡暗自讚嘆，沒想到竟然還有這種心思。

「你呢？你取景有訣竅嗎？」他忽然反問我。

「我沒有像你想這麼多，我不認為自己是個會拍照的人，但為了彌補這個缺點，我總是以量取勝，同一個景，我會拍出無數種角度，再從無數張照片裡挑選最合適的那一張，對我來說，這是最不聰明、最耗費時間，但最為穩妥的方式。」

「這的確也是一種方法，但整理照片時，可真有得你忙了。」他終於笑了。

他瞥一眼錶上的時間，說：「不好意思，我得先離開了。」

「好！感謝你的提醒，我會記住的，等待！」

他向我揮揮手，隨即匆匆離去，我則繼續在塔頂等候雨停，並思考著他所說的「等待」。

欣賞與脫離

後來，我找到了另一套詮釋的方式，與其說等待，倒不如說「欣賞」。用眼睛看，是一種欣賞；用相機拍，亦是一種欣賞。那位男子是用眼睛過濾，而後按下快門；而我則是先急著按下快門，再從萬千照片裡一一過濾。唯一的差別是，男子感受在前，攝影在後；我則是感受在後，攝影在前。男子先嘗試著用雙眼欣賞、用思考品評，最後才拿起相機，而我，卻完全忽略了當下「欣賞」的重要。

欣賞是什麼？對我來說，欣賞，是一種「脫離」。我相信人唯有先懂得欣賞，用雙眼過濾，用心思考與品評，才能逐步展開內心那個未知而纖

東歐篇

▲深夜的庫倫洛夫小鎮。

細的自我，而所謂的攝影訣竅，皆是為了打開「欣賞」之門的鑰匙。就像看一幅圖畫，你仔細探究其背後的奧祕，沉浸於畫面的那幾秒鐘，你的眼神在欣賞，心神也正在「脫離」，於是你的一切思考與想像、琢磨與幻想，會隨著畫面逐漸展開，那片刻間的脫離極其珍貴，因為在那一刻，你正在拋開現實、理性，甚至本能對你的束縛，純粹用自己的感官，在眼前的影像裡切開一條縫隙，而縫隙的背後，等待你挖掘的，是那未知、複雜、神祕且永遠無法說清的心靈傳承。反過來說，如果僅用「美麗」這種膚淺的詞彙，就輕易判定一幅圖畫或一張照片的價值，那對一個感官極纖細、思考甚敏感的人來說，實在太對不起自己。

　　雨後，雲霧漸散，天空釋出一抹清澈的蔚藍，等待、欣賞、品評、思考，最終按下快門。那一刻，在我心裡開啟了另一片全新的天空。

紅豆泥的複雜滋味

青春永駐的老闆娘

泰爾奇（Telč），捷克世界遺產小鎮之一，比起其它童話小鎮如庫倫洛夫或卡羅維瓦利（Karlovy Vary），這座城市明顯小上許多，大約兩個小時即可輕鬆逛完，所以甚少人會選擇在此過夜。但我特別喜歡這種寧靜閒暇的古式小鎮，尤其是為了拍攝這座城鎮的倒影，我還特地待了整整兩天。在泰爾奇，我住大廣場邊一間美麗的平房，平房的主人是一位白髮蒼蒼的女士，還記得第一眼見到她時，她的臉上脂粉未施，但歲月卻幾乎沒有在她的臉上留下任何證據，她的舉止優雅乾淨，神情宛若少女，目測年約三十歲，經提醒才知道她已年過半百，令我大為驚奇。

▲市集廣場上的巴洛克建築。

老闆娘的凍齡祕訣

次日，清晨五點，尚未睜開雙眼，便聞到陣陣香氣從房間外傳來，那味道很淡很淡，卻有一股莫名的熟悉感，在床上滾兩圈後，決定起身查看，更衣，穿鞋，一步步走下樓，那股香氣從廚房傳來，站在廚房前，我頓時想起了這股甜蜜的香氣。

「吵醒你了嗎？」老闆娘聽到了我的腳步聲。

「不，我只是被香氣吸引過來而已，這是您保持年輕的祕密嗎？我聽說很多明星都是靠著吃紅豆泥來凍齡的呢！」我緩緩走進廚房裡。

「沒錯，從以前我就特別愛吃紅豆料理，特別是將紅豆煮成泥，然後包在麵包裡當早餐，那滋味相當美妙。」

我靠近鍋裡一瞧，熱氣蒸騰中，那圓潤飽滿的紅豆在清水中漸漸化開，老闆娘仔仔細細地控制火候，並持續攪拌，如煉金般，一縷縷淬出滋味與成就感。

「老闆娘，我有幸吃您做的紅豆泥麵包嗎？」我緩緩說道。

「當然可以，不過你要等一陣子，因為紅豆剛放下去，要將紅豆泥煮至完美，至少還需一個小時。」她邊說邊用小火慢煮，並小心翼翼地保護紅豆不要燒焦。

「沒關係，那我可以在這裡等嗎？我想再多聞一下這股紅豆香。」

坐在飯廳，廚房的紅豆香氣陣陣傳來，我看著老闆娘的背影，頓時，昔日的紅豆餅、那味道、場景以及那聲音，又再次徹底占據心頭。

去吃紅豆餅吧！

還記得小時候我認識一個很漂亮的女孩，她是校園裡的風雲人物，幸運的是我們彼此認識，而且住得很近，所以可以常常一起走路回家，我們有個共同點，就是非常愛吃紅豆餅！每次只要經過巷口的紅豆餅攤，就會抵擋不住香氣的誘惑，當時紅豆餅一個五元，只要我們存夠了錢，就會來買熱騰騰的紅豆餅吃。

某天放學後，她臨時約我去吃紅豆餅。

「可是我還沒存夠錢耶，等過幾天再吃吧！」我說。

「沒關係，今天我請你，想吃多少都沒關係。」既然她說非請不可，我當然也開心地答應了。

走到紅豆餅攤，我一口氣叫了四個，全部都是紅豆口味，我特別喜歡紅豆餡。她上前直接爽快地付了二十元。

「咦？妳不吃嗎？」我一臉疑惑地問。她搖搖頭。

「怎麼了？不是妳找我來吃紅豆餅的嗎？」我繼續追問。

「剛剛我媽說家裡晚上有煮，叫我等一下回去吃。」看她的神情，似乎不太對勁。

「妳不吃就算了。」我也沒有多想，拿著熱騰騰的紅豆餅大口吃著。

「對了，我這幾天不會去學校喔！如果你存夠了錢，先不要買紅豆餅吃，等我回學校再一起來。」她突然變得很認真。

「我才不要，我要自己來吃。」

「如果你敢偷跑來吃，就要還我今天的二十塊！」她突然大聲地講。

「好啦！妳真小氣。」當時我也不以為意。

消失的紅豆餅女孩

隔天她果真沒有來學校。

可是過了幾天，她一直都沒有出現，我覺得不太對勁，問老師也不肯跟我說，後來只好每天纏著老師問，直到老師被我問煩了才告訴我：「那個女生一直都患有先天性心臟病，幾天前復發很嚴重，所以可能需要休息好一陣子。」

我當下很震驚，連忙問：「那她還要多久才會回來？」我急著想知道。

「再過一陣子她就會回來了，不要想太多。」老師拍拍我的肩膀。

幾週後，紅豆餅攤歇業了，那個女孩也一起消失了，沒有再回到學校。

而我的記憶還停留在那天，她看著我吃紅豆餅時，那個害羞靦腆的模樣，我不知道她去了哪裡，也不願意繼續猜測，只希望巷口的紅豆餅攤，能陪著她到另一個世界，在那個世界裡，她還在，紅豆餅也沒有消失，就算少了我，也能有紅豆餅甜蜜溫暖的陪伴。

千里之外的紅豆滋味

「請。」老闆娘已經做好了紅豆泥麵包，遞來的同時，她順口問了一句：「你還好嗎？」

「我沒事啊！您怎麼突然這樣問？」我接過麵包，準備大口咬下。

老闆娘自信地說：「嚐嚐看吧！今天做得非常成功喔！」語畢，她起身回廚房抽了幾張面紙。

一口咬下，那紅豆餡甜蜜而溫暖的滋味再次湧上心頭，夾雜著那股熟悉的味道，昔日熟悉的場景，以及那個熟悉的聲音……

老闆娘遞來兩張面紙，安靜地坐在我旁邊，一句話也沒有說。

那一刻，那個紅豆泥麵包，讓我嚐到了此生最複雜的滋味。

▲濃郁的紅豆搭配淡淡的肉桂香，再裹上一層烤至酥脆的麵皮，老闆娘精心製作的紅豆泥麵包外形雖一般，但內餡卻非常講究，紅豆微甜，但巧妙地利用麵皮與肉桂淡其膩味，尤其剛出爐時，那滋味堪稱完美。

決定結局的一念之間

布拉格的匆忙旅行

　　捷克首都布拉格，有一個浪漫的外號「百塔之城」，蔡依林膾炙人口的歌曲《布拉格廣場》，也喚起許多人對這座城市的憧憬與想像，但既稱百塔，又是一國首都，若要走訪一遭，勢必得花至少三天。不幸的是，因為我隔天要回德國上課，星期日中午才從泰爾奇抵達布拉格，下午就又得搭車離開，前後一算，只有兩小時的自由時間，礙於急迫，我只能選擇參訪這座城市的一個地方，最後，我選擇最廣為人知的地標「天文塔頂」。

　　一抵達布拉格，我立刻搭地下鐵前往舊城廣場，再快步走至天文塔下，慶幸的是天文塔頂不用排太久，隊伍緩緩向前，看著時間一分一秒過去，心情既振奮又忐忑著。

▼布拉格的閃亮地標：舊城廣場。

▼布拉格的閃亮地標：中世紀天文鐘。

十五分鐘的悠哉

上了塔頂，先看好時間，大約還剩一個小時，扣掉搭地下鐵的時間，我最久還能在塔頂停留十五分鐘，對於旅行，我向來都是先做足功課，好讓自己的步調可以放至最慢，但唯有這天，我被時間窮追猛趕，那感覺實在令人喘不過氣，站在塔頂，俯瞰這座傳說中的百塔之城，我說服自己要減緩緊張的心情，慢下來欣賞，享受這僅僅十五分鐘的悠哉。

▲通往天文塔頂需要徒步環形向上。

不得不說，布拉格是一座相當值得深度探索的城市，站在天文塔頂俯瞰，論外型，有許多美麗的老式建築，有圓頂的、有尖塔的、有宛如城堡的；再論建築風格，有哥德式、羅馬式、文藝復興時期式。撇開建築，布拉格有伏爾塔瓦河流經，有成排古式大橋林立，偌大的城市裡，好似有許多值得探究的祕密，站在塔頂，看著布拉格的風景，反倒有些傷情，畢竟好不容易看到，卻又什麼都不了解就要離開，心裡實在遺憾。

▲從天文塔頂俯瞰布拉格。

▲站在橋頭，此刻該向前，還是回頭？

▲交通繁忙的布拉格中央車站。

心裡上演的左右互搏

　　「嗶、嗶、嗶。」手機鈴響，十五分鐘到了！我快步走下天文塔，過了一條街後，出現在眼前的是一條橋，那條橋的名稱我不知道，只看到有許多旅客在這座橋上攝影，看他們一個個拍得如此陶醉入迷的模樣，我猜那裡的風景肯定很美！頓時，兩個不該同時出現的念頭，竟在心裡上演一場左右互搏。

　　「走過橋去看一下吧！我不要拍照，只看一眼就好。」我心裡忽然出現這樣的聲音。

　　「不行！你會來不及的，你忘了自己剩不到一小時嗎？」

　　「可是僅僅是一眼，又能花多少時間？」我還在掙扎。

　　「你別忘了，你還要等地下鐵，如果迷路或坐錯站，你連緩衝的時間都沒有！」

　　「可是……」

　　「可是什麼？你若錯過這班火車，車票不僅要重買，若今天已經沒有前往德國的火車，你就要重新再找住宿，而且連明天的課都來不及上了！」

　　「我知道，可是我如果沒看到，可能就再也沒機會了……」

　　「那又怎麼樣！趕車要緊，快給我回去！」

　　我站在橋頭浪費了近三分鐘，因為一場猶豫，竟讓時間更為緊迫，心裡離開的聲音也越來越大，雖然遺憾，但後來還是沒有過去，當時僅是拿起相機，按下快門，拍下這座橋的身影，隨即轉身離開。

　　搭上地鐵，汗流浹背地抵達火車站，已是發車前二十分鐘，心想還

來得及，但為數眾多的月台，以及大量混雜的班次，竟也意外耗去不少時間，踏上火車的那一刻，是發車前三分鐘，坐在車上，憶起當時好奇心與安全感的左右互搏，印象竟格外深刻，因為上車的那一刻隨即明白，若是當時決定走過橋頭，必然來不及趕上火車，當下閃逝的念頭，竟差點引發一場大災難，沒想到結局的好壞，都在當時的一念之間。

INFO

私房推薦★★★★☆

泰爾奇—隱藏於捷克的世間最美倒影！

交通 從捷克首都布拉格（Prague）出發，搭乘捷克境內小黃蜂巴士（Student Agency）至庫倫洛夫小鎮，再轉乘至泰爾奇。沿途會先經過百威啤酒小鎮布傑約維采（České Budejovice）。
若要從泰爾奇回到布拉格，可至泰爾奇公車總站搭乘國營巴士，可直達。

票價
小黃蜂巴士（Prauge → Ceský Krumlov）：單程 7.6 歐元，車程 2 小時 55 分鐘。
小黃蜂巴士（Ceský Krumlov → Telč）：單程 5.1 歐元，車程 2 小時 50 分鐘。
國營巴士（Telč → Prague）：於泰爾奇公車總站搭乘 BUS340003 7，單程票價 158 捷克克朗，只能上車買票，無法網路預訂，車程 2 小時 50 分鐘，班次不多，需特別注意。

小提醒 建議不要從布拉格直接進泰爾奇，因為巴士會先繞經其他小鎮，可以先在捷克其他小鎮歇一日，再另外花一天進泰爾奇，因為這個小鎮難進易出，若能看好國營巴士時間，回程可於 3 小時內直抵首都布拉格，若搭乘火車或小黃蜂巴士（Student Agency）直接進入或離開此小鎮，需配合多次轉乘，相當耗時耗力。

萬千情緒裡的纖細共鳴

視覺與聽覺的雙重饗宴

在我心中，論夜景，匈牙利首都布達佩斯排歐洲首位，不是純粹因為「美」，所以排第一，而是它美的相當有主題，布達皇宮與賽切尼鏈橋這兩大地標會在夜裡被打上燈光，隨天色越暗，亮度越鮮明，無論走到哪，只要一抬頭，都能清楚看見這兩大地標的身影。多瑙河上，偶有大船經過，多瑙河旁，林立著各式店家與餐廳，走在湖畔，幾乎都能聽見音樂的旋律，走進夜裡的布達佩斯，感受到的是一場視覺與聽覺的雙重饗宴！

晚上七點鐘，走進酒吧，點杯啤酒，再拿到湖畔邊小酌，入夜的星空下，月光落處微亮，晚風陣陣吹來，沁涼而暢快。片刻過後，微醺的感覺漸上心頭，走在橋畔，耳邊傳來陣陣小提琴聲，走近一瞧，是個街頭藝人在演奏，我聽過那首曲子，是布拉姆斯（Johannes Brahms）的《匈牙利舞曲》，這首歌原本的旋律是相當輕快的，但那位男子拉得時快時慢，別有一番風味，我不由自主地停了下來，站在一旁仔細聆聽。

▲夜裡，透著金黃色彩的布達佩斯。
◀明亮的鏈橋與布達皇宮。

耳邊迴盪的旋律

　　不久，有兩位男子拎著樂器在一旁準備，他們僅僅是聽小提琴的旋律，竟就能直接加入伴奏，這三人看起來像是一個演奏團體，主旋律是小提琴，古典吉他和電吉他是伴奏，令人驚訝的是三人都沒有看譜，僅是簡單的眼神交流，就能合奏出一首首動聽的音樂；最厲害的是拉小提琴的男子，他駕馭著整首歌曲的主旋律，演奏時神情一派輕鬆，令人深感敬佩，我站在一旁聆聽，竟也不覺沉浸到音樂裡，等整首曲子演奏完，他放下了琴弦，我才意識到時間已不知不覺過了二十分鐘。

　　旋律一中止，身邊隨即響起一陣熱烈的掌聲，環視四周，沒想到竟已聚集了這麼多人潮，瞄一眼時間，晚上八點整，街道似乎比剛才更加熱鬧，店家也紛紛開啟音樂，甚至請彈唱藝人來專門為店裡的客人演奏，悠揚的旋律此起彼落，有趣的是演奏者會主動隔一段距離，讓音樂不至於相互影響，走在多瑙河畔，耳邊的旋律不斷替換，加上遠方明亮的鏈橋與布達皇宮，這正是布達佩斯獨特標準的味道。

▲布達佩斯的街頭演奏團體。

125

▲布達佩斯大地標：賽切尼鏈橋。　　　　　　　　▲多瑙河與鏈橋被染上一層美麗的金黃。

細如針尖的共鳴

　　懂得去感受別人的感受，並將世間的情緒轉化為文字聲音旋律，再準確地挑起人們心中片刻的情感，這段過程，對一個創作者而言，時遠時近，峰迴路轉。而永遠不變的前提是，所謂的創意、靈感、想像，永遠不會無中生有，一切都必須先培養欣賞的能力，再透過不斷揣摩與累積，逐步內化，而最終是否能準確挑起人們那纖細的五感，沒有人能說得準，就像一首歌曲，攸關速度的快慢、音調的高低、樂器的演繹、旋律的總和……在近乎無限的排列組合下，要成就一首曲子簡單，但若想感動別人，實在非常困難，畢竟任何一點變化，都可能引發另一種截然不同的心情，但也正因如此，正因為「共鳴」是如此複雜而千變萬化，人的情感是如此挑剔而難以捉摸，所以，一切的欣賞、感悟、揣摩、創造，才會顯得特別而有趣。無論是旋律還是文字、音樂還是語言，要在那看似無盡的萬千情緒裡，找到那細如針尖的共鳴，雖然極為不易，但卻也是這世間最奇妙、最費解，也最迷人的東西！

　　最後，無論是欣賞還是創造，請一定要好好珍惜自己的細膩，也珍惜別人挖掘的細膩，去感受那片刻的情感傳承，因為這些「共鳴」背後夾雜的講究和領悟、挑剔與精準、意境及內涵，正是上天賜予人類這個有智慧的物種，最特別、也最珍貴的禮物。

燉牛肉湯的幸福滋味

吃一頓熱騰騰的早餐

　　來歐洲也有一段時間了，無論是在學校上課或是在外旅行，最不能習慣的，還是早餐。

　　我不喜歡冷食，可是歐洲的早餐不是麵包就是生火腿和起司，一開始吃覺得新鮮，但過一段時間後，就會開始想念臺灣那些熱騰騰的美食了。而來到匈牙利，最期待的就是吃上一頓熱騰騰的早餐！到布達佩斯時已經接近傍晚，入住時，我順口向櫃檯打聽哪裡可以吃到傳統的熱食。

　　「請問一下附近有沒有賣熱食的早餐店？」

　　「賣熱食的早餐店？」櫃檯人員思索片刻，再問道：「你想吃什麼類型的東西？」

　　「只要是熱的都好，如果有湯湯水水的更好。」我想說類似羹湯的東西，但一時形容不出來。

▲中央市場二樓，有廚師雕像的燉牛肉湯店。

　　「啊！這裡離中央市場很近，你可以去市場二樓試試燉牛肉湯，那是匈牙利相當有名的料理。」他靈光一現。

　　「燉牛肉湯!?」經他這麼一說，我才想起來匈牙利的牛肉很有名。

　　櫃檯人員又再特別囑咐：「如果你想喝傳統的燉牛肉湯，記得去中央市場二樓，找店門口有廚師雕像的那間。」

　　「好，我知道了。」

東歐篇

▲應有盡有的匈牙利中央市場。

　　隔日清晨，我獨自前往中央市場尋找燉牛肉湯，櫃檯人員並沒有告訴我那家店的名字，但二樓店門口有廚師雕像的只有一間，我自信滿滿地衝上前去。

最好吃的食物

▲除了販賣燉牛肉湯外，還有許多匈牙利傳統美食。

　　「老闆，一碗燉牛肉湯（Goulash Soup）。」點完，我才回頭看價錢。一碗湯是 1,500 福林，折合臺幣大約 170 元，價格不算便宜，但難得能吃到一次熱的早餐，管他什麼山窮水盡。

　　「來，你的燉牛肉湯，旁邊有免費的麵包可以拿。」老闆一手拿著湯，一手指著一旁的麵包。

128

「哇！是熱的早餐！」我心中暗自讚嘆，這碗牛肉湯的份量真是驚人，已經很久沒有吃到熱騰騰的早餐了，心裡湧起一股莫名的激動。

匈牙利中央市場二樓的燉牛肉湯，是我至今嚐過最好吃的食物！淺嚐一口，隨即讓人徹底愛上，不僅兩天內來了三次，離開布達佩斯前還特地外帶一碗才離開，肉質鮮美的牛肉塊，搭配燉至鬆軟的馬鈴薯與紅蘿蔔，給料不僅實在，最厲害的莫過於老闆精心熬煮的牛肉湯，超濃郁的滋味，每一口都讓人神魂顛倒。濃滑的湯汁裹覆在一塊塊飽滿的牛肉上，一口咬下，那滋味實在絕妙精深，如果要為了燉牛肉湯再次回到布達佩斯，我絕對會毫不猶豫地說：「我願意！」

▲匈牙利燉牛肉湯。

破壞性的美麗

始終認為，味覺，是一種破壞性的美麗。想想人的觀感，論影像，可以透過照片保存，那一刻，永遠不會變質；論聲音，可以透過剪輯錄製，完成後，永遠不會變調。可唯獨口感與滋味，和味覺有關的一切，是永遠無法保存的，同樣的主廚、食譜、食材、手藝……無論多麼講究，都不可能做出一模一樣的料理，那一刻的滋味，只能活在人的記憶裡，最後被逐漸淡忘，且是永無保存的可能，因為這個世界上沒有任何一種技術，可以挽留那一秒鐘，唯有敏銳的舌端，才能觸碰到那一瞬間的悲壯啊！

漁夫堡驚魂記

導航裡的神祕道路

　　天漸亮，窗外下著濛濛細雨，耳際，還能聽見雨滴輕敲窗沿的聲音，今天是匈牙利的最後一天，中午就得離開，頂著小雨出門，離開前，我還有一個小小心願——再回到雪白的漁夫堡（Halászbástya），從高處俯瞰最後一眼布達佩斯！從旅社步行到漁夫堡約一個小時，時間相當充裕，但途中雨勢漸大，走走停停，竟也耗去不少時間，而最令人訝異的是：我竟然迷路了！

　　漁夫堡是匈牙利的大地標，雖在一座小山丘上，但絕對不至於找不到，畢竟一抬頭就能看見那雪白的城堡，不過沿著導航走，竟然意外繞到另一座山頭，等走到半山腰時，導航顯示已經抵達，但抬頭一看，發現漁夫堡在另一座山丘上，仔細一瞧，沒想到我竟然把目標設定錯誤，結果一直按照錯的指示走，重新定位後，導航裡出現了一條神祕的道路。

▲美麗的漁夫堡在另一座山頭。

若先下山再回漁夫堡，要花一小時左右，但若走那條神祕道路，只需要二十分鐘，這款離線導航我相當熟悉，未曾出過錯，只是虛線代表產業道路，想必那會是條山中小徑，既然二十分鐘後就會抵達漁夫堡，只要走快一點，應該不會遇上什麼意外，左思右想，我決定抄近路。

詭異的廢棄社區

沿著導航開始前進，才走了三分鐘，就意外地走到一個大空地，空地後方是一座社區，我不疑有他地向前，靠近後才發現這裡竟全是廢棄的空屋！雖然當時還是白天，但獨自一人走進這裡，還是感覺很詭異。導航顯示再走十五分鐘就會抵達漁夫堡，此時回頭也來不及了，我硬著頭皮向前，走到一半，忽然一隻烏鴉從某間空屋裡飛出來，淒厲的叫聲從一旁傳來，嚇得我開始小跑步前進，想快點離開這奇怪的地方，再跑到一半，我停下腳步，皺緊眉頭盯著導航，因為它自己重新定位了！這款導航會自動偵測我和目標的最近距離，原先指示向前，卻在此時忽然叫我往右，當下心中大為困惑，於是放慢步伐，往右方走去。

發狂的野狗群

忽然間，耳邊忽然傳來一陣低沉的吼叫聲，某間空屋裡，有將近十隻野狗忽然衝了出來！或許是我的腳步聲將牠們激怒，牠們先是發出低吼，我見狀，立即停下腳步，隨手撿起路邊一支木棍，萬一牠們真的要攻擊我，起碼我還有武器做最後一搏。當下腦袋一片空白，不知如何是好，過了數秒，我向前跨了一步，想不到牠們竟然打算衝過來！我立即朝前方拔腿狂奔，還有三分鐘才會抵達漁夫堡，狗群在後方不斷發狂似地亂叫，那聲音越來越近，直到我衝出小徑，到一條有汽車經過的大馬路上，牠們才停下腳步，而我一直跑到漁夫堡的廣場前才敢停下來，當時，我手上拿著一支木棍，驚魂未定地站在廣場前，一旁還有好心的民眾問我要不要緊，等我看到身旁有人，心裡才正式鬆一口氣。

▲漁夫堡旁的小廣場。

▲廣場上扮演成銅像的街頭藝人。

▲雪白夢幻的漁夫堡。

意外的一體兩面

因為旅行，我時常在與意外共處，我清楚地知道，旅行勢必有一定程度的危險，尤其是一個人的時候，這點無庸置疑。但我不會恐懼，因為仔細思考，危險其實並不來自旅行本身，而是種種「未知的意外」所致。意外大部分是好的，它可以觸發一場驚奇、一些樂趣，甚至一段緣分的誕生，這些，幾乎都是旅行最珍貴的價值；而相反的，意外也可能引發危險，讓自己陷入危機，此時，必須透過當下的判斷突破難關，最終是挫敗還是成長、是毀滅還是浴火之後的鳳凰，沒有人能事先知道。我時常告訴自己，事情的好壞是一體兩面的，沒道理旅人可以多享受意外的好，卻不需多承擔意外的糟，雖然這樣理解，無法幫助自己降低旅行的風險，但至少，看清意外的兩面後，不管發生什麼事，不管事情變得如何糟糕，自己的心都不至於輕易退縮或變得偏狹，而我相信，這比什麼都重要。

▲從漁夫堡頂俯瞰布達佩斯。

西歐篇

成長，一場癡迷不斷的旅程

嘆息橋頭的感嘆

有興趣坐長蒿嗎

初到劍橋已經黃昏了，雖然天色漸晚，但我和阿肉還是忍不住走入校園，比起早晨，我更喜歡黃昏時的感覺，淡淡的暖色調覆蓋著康河，寧靜中帶點唯美，這時的劍橋，最使人流連。

▼▶黃昏時分，康河上映著美麗倒影。

137

劍橋是著名的大學城，有許多慕名而來的遊客，走在街上，不時有學生在招攬生意「坐長蒿遊康河」。而我們當然也被問了許多回，最明顯的特徵是這些學生手上都會拿著一幅地圖，上面畫著劍橋大學裡著名的景點，如嘆息橋、數學橋、國王學院、皇后學院等，他們會走到你的身旁，和你介紹移動路線與乘船價格，一艘船的總載客量愈多，就愈便宜。

　　「你們好，有興趣坐長蒿嗎？」遠處走來一位帥氣的男學生。

　　「我們還在考慮。」

　　「我保證坐我們的長蒿是最便宜的，坐一趟只要 10 英鎊。」

　　「少來了，沿路每個推銷的學生都這樣講。」我接著問：「既然這麼便宜，那你們的路線是如何走的呢？會不會隨便繞個十分鐘就結束了？」

　　「你問到重點了，我仔細說給你聽！」

　　這位男學生口沫橫飛地講了好幾分鐘，從哪裡開始走，在康河上怎麼移動，會先後看到哪些著名的景點，最有趣的莫過於他用那口性感的英式腔說出石碑上的中文「輕輕的我走了，正如我輕輕地來，我揮一揮衣袖，不帶走一片雲彩。」雖然說得七零八落，但實在誠意十足，當下我和阿肉就決定要捧他的場。

▲康河上的美麗垂柳。

西歐篇

划長蒿的劍橋學生

　　遊完康河後，阿肉偷偷告訴我一件很有趣的事情，他說剛才那個船夫他見過，好幾年前他和家人來過劍橋，當時也有坐長蒿，他說那個船夫跟幾年前載他們的是同一個人！我以為他在亂說，但阿肉說那張照片他還留著，後來經過對照後，發現真的是同一個人！就連衣服都和幾年前的一模一樣！

　　「不是已經超過四年了嗎？那個學生早就該畢業了吧？」我覺得哪裡不對勁。

　　「他剛剛不是說他有留級嗎？」阿肉說。

▼划著長蒿的劍橋學生。

「我當時都在攝影，沒有仔細聽船夫說話……」

「他說劍橋的學生會各自組成團體在街上招攬生意，每一團都有人負責租船、有人負責划船、有人負責推銷、有人負責和其他團體打公關，總之就是非常縝密的學生斂財組織，船夫說畢業後還要繼續在這裡賺錢。」我很驚訝，沒想到阿肉竟聽得如此仔細。

他說完，我立刻認真一算，剛才坐一趟是十英鎊，時間大約三十分鐘，乘客好像是八個人，所以三十分鐘就賺了 80 英鎊（3,760 臺幣），如果一天接十組客人就好，一個團體一天就賺進快四萬臺幣，重點是不需要成本，只要會划長蒿就好了！嘖，難怪他要留下來，這群能進劍橋大學就讀的好傢伙，實在都很精於算計啊！

說回憶多難忘，都是謊言

　　劍橋最讓我印象深刻的是「嘆息橋」（Bridge of Sighs），正牌的嘆息橋位於義大利威尼斯，兩端分別連接法院與監獄，囚犯通過時，常感嘆著自己曾犯的過錯，故得名「嘆息橋」。而位於劍橋的嘆息橋則連接著學生宿舍與考場，學生經過時也有相似的體會，故取了一個相同的名字。

　　靠近嘆息橋頭，阿肉忽然說：「你還記得德文期中考嗎？」

　　「記得啊！我們不是背了一大段對話嗎？老師還誇我們說得很棒呢！」我驕傲地說。

　　「對對對！考前一天我還熬夜背稿，就怕不小心搞砸，沒想到老師對我們的表現如此滿意，當下超有成就感的！」

　　「我只記得當時很努力，不過現在已經忘得差不多了，你還記得我們當時說了什麼嗎？」我問。

▼嘆息橋上裝有鐵柵欄，有種沉重與束縛之感。

「記得啊！我們說……我們說……」他欲言又止，突然一陣感嘆，說自己竟然什麼也想不起來了。

「唉，明明考完試還很有成就感，明明當時興奮的感覺還都記得，但當時是怎麼說的，怎麼已經全都忘了……」他搖搖頭。

我發現氣氛不太對勁，轉念一想，道：「我們當初明明是被老師稱讚，怎麼一來嘆息橋就變這樣了！」

阿肉一聽，突然瞪大眼睛，面無表情地對我說：「這座橋，可能累積很多學生的怨念喔！」聽完，我大笑不已。

▲薄薄日光順著鐵欄，透進了嘆息橋。

站在嘆息橋頭仔細思量，還記得當時和阿肉練習德文的片段，還記得考試當下緊張的心情，更記得老師誇讚我們的模樣，但細節，卻已經遺落在紛杳的歲月裡了。繁華落盡，如夢一場，而此刻，也只剩一起上過課的朋友，來確認彼此身後仍有來時路，可惜了那些珍貴的回憶，再努力記得，終究游不過時光的長河，只能漸漸遺落在過去。

「說回憶多難忘，都是謊言。」左思右想，最終，還是忍不住嘆了氣。

INFO 私房推薦★★★★★

劍橋—英國歷史最悠久的經典大學城！

交通 建議可從倫敦史坦斯特機場（London Stansted Airport）出發，搭乘巴士（National Express）即可直達劍橋，車程僅需 50 分鐘。
票價 8 英鎊。

西歐篇

享受著期待，就不算吃虧

蒼涼的風車村

　　提到荷蘭，很難不讓人聯想到傳統的風車，可是隨著時代的演進，風車的功用也逐漸式微，在首都阿姆斯特丹要看見風車更是不容易，保留下來的風車漸漸被移動到距離阿姆斯特丹十五公里外的小鎮——桑斯安斯（Zaanse Schans）。桑斯安斯是荷蘭傳統的風車村，到此地時已是傍晚，人潮散去，寧靜的村落在夕陽下顯得格外蒼涼，大片蘆葦草在風中搖曳，這個時節已經沒有鬱金香了，雖然天未暗，但店家已經全數關閉，遊客也所剩無幾，而離開風車村的末班車是八點半，換句話說，我們僅能在這裡待一個半小時。

▼初抵風車村已近七點，此時日已落，但天依然透著些許微光。

你不逛小鎮嗎？

「哇！你快上來看，是一望無際的蘆葦草！好壯闊的感覺！」阿喵爬向前方一座木製高台。

「唉，可惜這個時節看不到鬱金香。」來到荷蘭沒看到鬱金香，心裡難免遺憾。

「沒辦法，想賞鬱金香的話要等春天，現在才八月而已。」他理性說道：「雖然店家都關了，但是搭最後一班車過來風車村，再搭末班車離開，感覺好像也不錯，來熱門景點，卻這般寧靜。」阿喵和我一樣，不喜歡人多。

八月的荷蘭早晨微涼，但太陽下山後氣溫會下降許多，站在高台，晚風迎面吹來，那感覺相當暢快。

▲遠方，小橋旁，有一處木製高台。

▲高台上，可以看見一望無際的蘆葦。

「你要逛小鎮嗎？我們只有一個多小時喔！」他忽然放下背包。

「咦？你不下去走走嗎？」我問。

「不了，店家沒開，而且風車的模樣我已經記得，你拍完照再傳給我就好，我想在這裡吹風。」

我開玩笑地說：「我原本也沒打算下去，你這樣說，我就不得不下去了！」

「哈哈！交給你啦！」阿喵戴起耳機，坐在高台的制高點，享受著迎面而來的沁涼晚風。

西歐篇

最快樂的旅行？

　　阿喵是個相當隨興的人，我很喜歡和這樣的人一起旅行，他不常拍照，甚至不帶相機，只是偶爾會用手機攝影。他注重旅行當下的感受與體會，而不太在意自己是否「少看到什麼」。有人說這樣很可惜，甚至覺得這樣很傻，畢竟來一個地方就該什麼都看到，才能符合心中理想的「CP」，我自己有時也會抱持這樣的心態，但看到他那隨心所欲且不計較得失的性格，我其實是羨慕的。後來，我慢慢調整自己的心態，別讓自己總是陷入「什麼事情是必做，什麼事情還沒完成」的無限輪迴裡，試著反問自己想在旅途中得到怎樣的心情？而得到怎樣的心情，對我來說才會是最好的旅行？

▼黃昏時分，景色動人的風車村。

▲河堤邊的老式風車。

▲近八點的風車村相當寧靜。

奸詐的邏輯

晚上八點鐘，繞了風車村一圈，店家早已歇業，路上人煙稀少，僅有風車還在緩緩轉動，蘆葦草隨風搖擺，在微弱的光線下，竟感受到一股感動與溫馨。

「哇！沒想到少了鬱金香的風車村也這麼漂亮。」我暗自喃喃。

「是啊！真美呢。」是阿喵的聲音。

我一轉身，見他忽然出現在背後，當場嚇了一跳，大聲說：「你不是在高台上睡覺嗎!?」

「我醒了，發現還有一點時間，就想說過來這裡走走呀！」他神情自若地拿起手機攝影，說：「沒想到這裡這麼漂亮，還好我有下來，否則真是可惜了眼前這片風景。」

聽完，我馬上接著說：「你沒看到，說自己反正不在意；你看到了，又說自己很是慶幸。這真是個奸詐的邏輯，因為不管怎樣，你永遠都不會失望嘛！」

他的嘴角露出一抹邪笑，默不吭聲，示意我該走了。

西歐篇

你享受期待的過程嗎？

　　為了避免錯過末班車，我們提早十五分鐘回到候車亭等待。

　　阿喵忽然說：「你剛剛說的那個邏輯，其實不算奸詐。」

　　「哦？此話怎講？」我看著他。

　　「當你愈期待一件事，期待被滿足了，當下自然會愈快樂，然後，才會覺得自己愈慶幸，沒錯吧？」

　　「嗯。」我點點頭。

　　「你享受期待的過程嗎？」阿喵再問。

　　「當然！那心情就像是坐在湖邊，摩拳擦掌等待尼斯湖水怪出現一樣，不知道下一秒鐘會看到什麼，可有趣了！」

　　他微微一笑，道：「那我的不期待，你又怎麼能說是不吃虧呢？」

▲晚上八點半，天漸暗，末班車駛離風車村，坐在車邊，遠望窗外，阿喵的那席話在心頭縈繞，漸漸地……發酵出意義。

片刻的善良

娛樂觀眾的戲碼

午後，細雨濛濛，公車緩緩駛進羊角村（Giethoorn），濕冷的氣候似乎一點也沒有減少觀光的人潮，羊角村是荷蘭的重量級景點，而當時又正值旅遊旺季，有這樣的遊客量我並不意外，只是走沒幾步，心裡便對此地小小失望，太過商業化的結果，反倒失了點小鎮應有的感覺。來到這裡，許多人喜歡租船繞小鎮一圈，近距離看看這些美麗的房舍，而這也是我們原本的計畫，但看到河上的眾多小船，我和阿喵便決定先在鎮裡走走，最後再決定是否租船。

▲羊角村的房舍大都覆蓋著褐色的蘆葦草。

▲河水流經一座座木橋，每一座橋通往著一戶人家。

　　時近中午，我們坐在河畔吃麵包，突然發現某個平房的煙囪冒起陣陣白煙，靠近後，發現有戶人家正在煮中餐，四溢的香味傳至鼻端，讓人久久不忍離去，我們坐在一旁休息，見一群可愛的孩子跑出來庭園玩耍，一艘艘小船從庭園旁經過，眾人紛紛拿起相機拍照，小朋友不理會，繼續開心地踢球，只是鏡頭從未放下，喀擦喀擦的快門聲與不時的閃光燈漸漸淹沒孩子的笑容，那一刻，他們竟像被關在囚籠裡的動物，表演著娛樂觀眾的戲碼。

▼人潮眾多的羊角村。

▼被相機圍繞的孩子們。

少了寧靜，森林也失去意義了

　　不久，一位年邁的女子緩緩走了出來，看樣子是這群小孩的奶奶，她示意大家吃飯，踢球的小孩們便手舞足蹈地進門，天真的模樣全看在眾人眼裡，陣陣快門聲喀擦作響，老奶奶慈祥地看著孩子們進去，關上房門前，她轉身瞥了一眼家門外的眾多人潮，忽然好幾道閃光燈刺進她的眼睛，老奶奶似乎有些生氣，她走出門外，想請船上的人關掉閃光燈，但還未走近，船隻早已瀟灑離去，河面其他小船接踵而來，快門聲與閃光燈此起彼落，老奶奶搖搖頭，無奈地走進屋內。進門後，她走到窗邊，面無表情地看著窗外人群，再緩緩拉上窗簾，那個瞬間，落寞的身影竟意外使人憐惜。

　　住在人稱綠色威尼斯的小鎮裡是什麼感覺，這一刻似乎有了點體會，身邊盡是迷人的溪河與草房，看著慕名而來的旅客投以羨慕的眼光，最終拿起相機，填滿內心對這裡的美好想像。或許一開始會是快樂的，可是快樂了之後呢？接下來日復一日地，要成為眾多鏡頭裡的身影，推開家門，面對的盡是來來去去的人群，很多人說希望能住在這裡，說這裡是迷人的童話森林，我曾經也這麼認為，但看到老奶奶的反應，卻有了截然不同的體會，畢竟在我心中，少了寧靜，森林也失去意義了。

▼因四面環河，人們給羊角村取了一個美麗的別名「綠色威尼斯」。

為片刻的善良感到驕傲

「你要搭船嗎？」我問阿喵。

「不了，這裡人太多，我們換個地方吧！」

「確定不坐船了嗎？我們時間所剩不多，離開後想再坐就來不及了喔！」我提醒他。

「人太多不想坐了，而且……」他若有所思，皺皺眉頭道：「你有看到剛才在自家門前，被閃光燈不斷霸凌的老人家嗎？」阿喵一說完，我暗自竊笑。

「奇怪，有什麼好笑的？」他有點生氣。

「我不是笑她老人家，只是單純開心。」

「開心什麼？」

「噴，你還是別知道的好。」我快步離開。

「到底開心什麼？快說！」

即使離開，只是我們自以為是的正義，甚至會讓將來的自己後悔，但我始終為我們還保有的片刻善良，真心感到驕傲。

加油聲，
是最有價值的禮物

幸福的自行車之城—阿姆斯特丹

在荷蘭首都阿姆斯特丹騎自行車是最幸福的事了，因為荷蘭是個低地國，路面平坦沒有高低差，這對路上的自行車騎士來說是個大好消息，和臺灣差不多大的荷蘭，國內最高峰是瓦爾斯堡山（Vaalserberg）海拔僅322.7 公尺，連玉山（3,952公尺）的十分之一都不到！再者，荷蘭氣候溫和，記得來到這裡是八月中，氣溫依舊維持在攝氏二十度左右，涼爽的盛夏，卻用不著抵抗熾熱的炎陽，那感覺就像在有空調的室內，全身沐浴春日陽光，令人神清氣爽！

▲如詩如畫的水都景致，讓阿姆斯特丹成為許多人夢寐以求的理想居住地。

西歐篇

唉，真是倒楣！

「等等我啊！」午後，我奮力踩著踏板，和阿喵與阿肉騎著單車來回穿梭於阿姆斯特丹市區裡，同樣的車型、款式、大小，但我的單車鏈條似乎因上油不足，踩起來格外吃力，不過討厭的倒楣鬼可沒有因此放過我，才騎沒多久，天空雲層漸厚，風和日麗的好天氣瞬間說變就變，耳邊也開始傳來滴滴答答的聲音。

「下雨了！騎慢一點吧！」我在後頭大喊，心想可以休息一下，倒也不算壞事。

「繼續衝！反正荷蘭的雨下不大。」阿喵放慢速度，在我一旁說道。

「你怎麼知道？」

「這叫做經驗！」語畢，阿喵哈哈一笑，又自信地加速往前。

當時沒有多說什麼，後來才知道，荷蘭雖然平均一兩天就下一次雨，但平均年雨量只是臺灣的四分之一！難怪路上的單車騎士都沒有穿雨衣的習慣，因為雨勢很小，一件防水外套就能在雨中安然無恙，而在臺灣，若沒隨時準備好雨衣，一場短暫的大雨，就能把人淋成落湯雞了。

「唉，真是倒楣！」雨勢雖然不大，但我當天穿的是棉質外套，雨滴會被衣服吸收，因為還得趕路，只好咬牙繼續騎。隨著雨持續地下，我也漸漸緩了下來，想脫下外套，但只穿薄長袖實在很冷，而且衣服也是棉質，如果連裡面的衣服都濕了，雨水前胸貼後背，要我如何能忍？左思右想，還是作罷。

「不過這感覺，似曾相識……」我踩著踏板，騎在荷蘭，心頭卻憶起在臺灣騎單車環島的那天。

踩吧！全世界都在為你加油！

「加油！」清晨，在楓港，微風吹過，沁涼而暢快。出發前，我和朋友們在楓港互相打氣，並相約在壽卡碰頭。

那天，我們要挑戰南迴公路，從屏東楓港出發，沿臺九線一路向右，等抵達制高點「壽卡鐵馬驛站」後，再一起滑向臺東。

「加油」這句話，我時常在環島時聽到，不只是朋友，也會從陌生人口中聽見，尤其南迴公路是比較具有挑戰性的路段，很多居民會熱情地為單車騎士們打氣。環島最讓我感到特別的，是不時會在耳邊聽到加油聲，當自己奮力地踩著踏板向前，似乎這個世界都在推你一把，幫你加油，祝你順利完成夢想。

▲清晨，準備離開楓港，挑戰南迴。
◀在南迴公路上，旭日漸升。

西歐篇

衝吧！目標南迴公路制高點──壽卡！

「呼、呼、呼……」踩著踏板，我努力調整自己的呼吸。

「我的天，還真的都沒有下坡啊！」越靠近壽卡，天氣越來越熱，坡度也越來越陡，腳下的每一圈，似乎也越來越不易，汗水濕透全身，像被雨水淋過一般，我不敢停下腳步，深怕無法在時間內抵達壽卡，但無論怎麼前進，前方的路永遠是上坡，好像沒有盡頭。

「加油！快到了！」耳際，傳來陌生的加油聲。

「加油！」我沒有看他，僅是禮貌地回應。

他從我眼前經過，我抬起頭，原來也是位環島騎士，但年紀似乎不小，目測已過五十，腳力相當好，臉不紅氣不喘地超越我，而且越騎越快，讓我相當敬佩。頓時，心中也燃起一股不服輸的氣魄，「喝」地一聲大喊，開始不顧一切地踩著踏板往前衝，五分鐘後，終於抵達壽卡鐵馬驛站。

好，繼續加油！

短暫停留後，我們開始從壽卡一路下坡滑向大武（臺東），一路都是綿延不盡的下坡，完全不用踩踏板，只須不斷煞車避免失速。騎上壽卡全身濕，滑向臺東又全身乾，那感覺實在非常痛快！

「真舒服呢！在炎熱的盛夏，能享受這般沁涼舒暢的感覺！」閉上眼睛，微風迎面吹來，我手握剎車控制速度，沿南迴公路向前滑行，身上的汗水前胸貼後

▲南迴公路制高點──壽卡。

背，等到被風吹乾後，又再次被雨水滴濕，我抬起頭，看著烏雲密布的天空，身旁的加油聲竟漸漸變成陌生的語言，腳下的踏板也隨雨勢變得更加沉重。

「下雨了！」我在後頭大喊。

「沒關係，荷蘭的雨下不大。」阿喵放慢速度，回頭向我說：「加油啊！你慢慢來沒關係，我們會等你。」

「好，你先騎，我會追上的！」我抬起頭，看著阿喵漸行漸遠的背影，竟像是看到當年一心想完成環島夢的自己，耳際，不斷傳來打氣的聲音，那些熟悉的、陌生的、真摯的、無心的加油聲，果真是當年環島時得到的，最有價值的禮物。

「好，繼續加油！」濛濛細雨中，我踩著踏板一路向前，英勇無畏。

▲南迴公路制高點——壽卡。

桑斯安斯（Zaanse Schans）—最能代表荷蘭的傳統風車村！

交通 可從阿姆斯特丹公車總站（Amsterdam cs）搭乘公車 391 號至終點站 Zaandam, Zaanse Schans，下車即抵達風車村，車程約 50 分鐘。

票價 公車票價來回約 7 歐元，風車村內免費參觀。

羊角村（Githroon）—荷蘭的重量級小鎮！

交通 可從阿姆斯特丹中央車站搭乘火車到 Steenwijk 站，出站後再轉乘 70 號公車，搭至 Dominee Hylkemaweg 即抵達羊角村，不用擔心坐過站，大部分的人會在羊角村下車，只要跟著遊客走即可，從阿姆斯特丹至羊角村大約需要 2.5 小時。

票價 荷蘭交通相當昂貴，建議直接買 Off peak Holland Travel Ticket，單張售價 39 歐元，此票卡可於一天內搭乘荷蘭所有火車、巴士、電車、地鐵（註：卡片於週一至週五早上六點半以前，以及早上九點以後可使用。但假日則全天可用）。

對幸運的戒慎恐懼

專注的旅社女子

深夜，抵達比利時首都布魯塞爾（Brussels），一週前這裡剛發生了一場恐怖攻擊，街上還有軍警荷槍實彈在巡邏，一離開巴士，我便快步走進背包客棧。

▲凌晨十二點半的布魯塞爾北站。

▲軍人全副武裝在街上巡邏。

西歐篇

159

入房，見一女子正低頭寫作，室內無光，為避免打擾其他人睡眠，她打開手機綁在床頭，用手機的微光照射。她非常投入在書寫，我輕提步伐，尋找剩餘的床位，發現只剩一張上鋪，而不巧的是，那張上鋪位於那位女子的床鋪上方，且階梯上還掛著她的貼身衣物。

為避免誤會，我輕輕點了她一下。

「不好意思，可以把妳的衣服移開嗎？」我指向一旁的階梯。

「喔，抱歉。」她立刻站起來將衣服拿開，聽她說話的口音，應該是個香港人。

「妳不開燈寫嗎？用手機的光線看字很傷眼睛。」我邊整理行李邊說。

「床頭光線太亮，會照到隔壁。」

她似乎相當專注在書寫，我便不繼續打擾她，自己在一旁整理行李，待盥洗完畢後，見她放下筆，闔上書，拿起一袋食物走過來。

真羨慕妳這麼自由

「你會餓嗎？要不要吃蔥油餅？」她提起紙袋給我看，還真的是蔥油餅！

「哇！布魯塞爾竟然也有這種食物！」

「是啊！這家店在旅社外面而已，我看到也相當驚訝，因為很便宜，我一次買了兩塊打算當宵夜，不過買這麼多，我實在吃不完……」

聽完，我樂意地點點頭，畢竟我也很好奇歐洲蔥油餅的味道，且難得可以和人說中文，心裡甚至高興。我們步出房門，到大廳旁的餐桌坐下，她拿一塊蔥油餅給我，順口問道：「你打算在這座城市待多久？」

「一天而已，我明天晚上就要回學校了。」我大口咬下。

「你是學生啊？在比利時讀書？」

「不，在德國，因為交換的學校在北方，搭公車到這裡只要六個小時，所以趁著假日來看看。」我皺皺眉頭，感覺臺灣的蔥油餅好吃多了。

「真好，原來是交換學生，我也很希望自己能在歐洲待久一些。」她僅吃一口，就放下手中的餅。

▲旅社外的迷人小巷。

西歐篇

「妳是來旅行的嗎？打算在歐洲待多久？」

「是，我從香港來，打算待一個月左右，上星期從法蘭克福到盧森堡，再從盧森堡到這裡，明天就要去荷蘭。」

「哇！真羨慕妳這麼自由，像我旅行的時間就很破碎，只能利用課餘時間出來，不能像妳一樣想去哪就去哪。」

「也是，換個角度想，雖然你待的時間比較長，但有課業壓力在，想四處旅行也不太容易。」

以茶會友

「像妳這樣的香港年輕背包客，似乎很少看到呢！」

「歐洲遠嘛！而且香港的生活壓力很大，我能來這裡透透氣，已經算很幸運了。」

我點點頭說：「確實如此，那既然妳來一個月，工作不要緊嗎？」

「我辭職了，回去還要找，經你這麼提醒，壓力又來了。」她扶著額頭，哀聲嘆道：「想到三週後就得回香港面對現實，就覺得心力交瘁⋯⋯」

「別這麼提不起勁啦！先快樂地過完這三週，才符合妳來歐洲的本意嘛。」

時近凌晨一點，聊過一陣後，兩人皆有點睡意，桌上的蔥油餅還有大半，放了半小時後已經涼了，我們不停地喝水，她頓時問了我一句：「你覺得這家蔥油餅怎麼樣？」

「嗯⋯⋯不好說。」我拿起水壺。

她盯著壺裡快見底的水，隨即大笑道：「哈哈哈，看樣子不是只有我覺得難吃，這比利時的蔥油餅實在不行。」她也拿起水壺猛灌。我立即附和：「別人是以酒會友，今天是以茶！」

「好，喝！盡量喝！」她豪邁的笑聲陣陣入耳，聲聲難忘。

▲旅社房間內貼著巫婆的壁紙，相當逗趣。

是啊！我們真的很幸運

　　進房前，她先向我道別，說明日清晨就要離開，我感謝她請的比利時蔥油餅，並祝她三週的旅行一切順利，她拍拍胸脯說沒問題，我問她一個人來歐洲會不會害怕，她說會，我問她為何還來，她說她想趁自己還能選擇的時候盡快完成旅行的心願，我反問她：「若妳發現自己沒那麼幸運，既沒有時間也沒有金錢，只能一直待在香港，又當如何？」

　　「如果真的沒選擇的話……」她沉默片刻，再道：「心願無法達成，我肯定會很失望，但我相信日後一定還有機會實現的，起碼別讓自己變得太灰暗吧！」

　　聽完，我點點頭說：「慶幸妳和我都做出了選擇，我們真的都很幸運呢！」

　　「是啊！我們真的很幸運……」這是她說的最後一句話，我相信這位女子和我一樣，都不知道自己是否會因為心願無法實現而變得偏激，畢竟我們都深深明白，在乎的東西得不到，沒有誰可以從容化解，也沒有誰能有把握，自己不會因為辛酸而走上極端，幾番思考後，內心深感慶幸，而對於自己的幸運，我也永遠戒慎恐懼。

愛上一件事，
需要一場意外

她正好喜歡馬卡龍啊！

　　凌晨，天快亮，下舖發出陣陣聲響，我探頭一看，那位香港女子正在收拾行李準備離開。

　　「我要走了喔。」女子見我醒著，再次向我道別。

　　「來得及趕上去荷蘭的火車嗎？」還記得昨天，她說今晨要去荷蘭。

　　「時間還很充裕，我想去市區晃晃，順便買一些禮物送人，你有推薦的嗎？」

　　「嗯……比利時的馬卡龍跟巧克力都蠻適合拿來送禮的。」我揉揉眼睛。

　　「馬卡龍！我怎麼就忘記了呢！她正好喜歡馬卡龍啊！」女子突如其來的激動反應嚇了我一大跳。

　　「妳打算送什麼人啊？」見女子這般驚喜，我好奇地問。

　　「我想送我在法蘭克福住宿時認識的老闆娘。」經她這麼一說，我更疑惑了。

　　「法蘭克福？妳不是從法蘭克福開始旅行的嗎？怎麼送給老闆娘？」

▲布魯塞爾旅社的牆上標語：生活永遠會給你第二次機會，我們稱之為明天。

和女子意外投緣的法蘭克福女主人

「喔！你的記憶力真好，我的確是從法蘭克福開始旅行，當時用沙發衝浪的方式住在一個年輕女生的家，我和她相當聊得來，離開歐洲前，我也是要從法蘭克福回香港，所以打算再去她那裡住一天，她真的相當友善！」

「妳能遇到和妳這麼投緣的女主人，實在相當幸運呢！」

「她說她最喜歡的國家是比利時，因為這裡是個甜點王國，她又特別喜歡甜食，尤其是馬卡龍，她說比利時的馬卡龍特別好吃！」

「原來如此，難怪我說馬卡龍時妳會這麼激動。」

「是啊！還好你有提醒我，法蘭克福那位女主人的家是我在歐洲旅行的起點，對我來說有很特別的意義，她收到我買的馬卡龍時，一定會非常開心！我先走了，得趕快去挑她喜歡的馬卡龍，祝你一切順利！」語畢，她便轉身離去。

與黃老闆的相遇

「旅行的起點啊～」坐在床邊，我的腦中立刻浮現出黃老闆的身影。

還記得泳渡日月潭，是我完成臺灣小三鐵的最後一站，泳渡當晚，我與朋友阿明住在魚池鄉的一間背包客棧，那是一間小而不起眼的平房，偌大的屋裡，只有黃老闆一個人住，一晚 300 元的價格，老實說當時並沒有抱太大的期望，話雖如此，但我對老闆的印象很深，他年事已高，目測有六七十了，但待人卻無比親切，住在這裡，竟讓人有一種回家的感覺！黃老闆說他有一個兒子，因為工作的關係必須長期待在國外，一年只能回來幾次，但為了避免老闆一個人在家無聊，特地將這間房子改建成旅社，並在沙發衝浪的網站上註冊，讓來魚池的各國青年可以到這裡借宿幾宿。

睡前，見老闆獨自一人在屋外抽菸，我拿張板凳走出去陪他，不久，他走進屋裡拿一本冊子出來給我看，我一翻開，原來是本訪客留言，裡頭有好多不同的語言，中文、日文、韓文、泰文、英文……還有一些難以分辨，聽黃老闆說，這間背包客棧已經要邁入第十年了，他接待過各式各樣

▲泳渡前一天，黃昏時分的日月潭。

的旅客，主要都是外國青年，儘管黃老闆不會說英文，但這些來自世界各地的旅客，還是會在這本厚厚的訪客留言上記錄旅程的點滴，以及想送給黃老闆和其他訪客的祝福，不一樣的字跡、不一樣的語言，這些看似微不足道的絲，在日復一日的編織下，成就出的竟是如此繽紛而美麗的網，也是從看到這本訪客留言開始，才讓我對旅行產生強烈的興趣。

▲日月潭泳渡的終點在三公里外的彼岸。

行動，才能造就意外

　　我一直很慶幸自己當時有那種熱切想完成某件事情的衝勁，這個世界上能追求的美好實在太多了，可是我們卻很難保證自己會在什麼時候喜歡上什麼，所以我特別珍惜那段「突然很想完成某件事情」的衝動時光，之所以會發現並開始喜歡旅行，其實也只是碰巧而已，當時純粹只是熱衷於完成某件事情（泳渡日月潭），但因為做了，才在無意間發現了目標以外的快樂，才找到了另一片值得探索追尋的天空！

　　原來愛上一件事，需要的是一場意外，而只要行動，就有可能造就意外。就像我和黃老闆、香港女子和接待她的女主人、就像現在，我能坐在這裡……」

　　「我能坐在這裡，也是因為一連串的意外呢！」日光下，空氣中的微粒如雪花般飄落，此刻，竟看得如此清晰。

　　「而且，這是一場多麼美麗的意外啊！」我伸出手，等待那些發生過的人與事、思與情、美與麗……緩緩落入掌心。

西歐篇

永保快樂的祕密

這就是尿尿小童？

▲購物長廊外，騎著單車的兔女郎。

還記得幾年時，TripAdvisor 做過一個市場調查，其中一項是評選歐洲最無聊城市前三名，上榜的是比利時首都布魯塞爾、瑞士蘇黎世以及波蘭首都華沙。調查一公布，立刻引起軒然大波，成為網路上熱門討論的話題。其實早在來這座城市之前，我就已經問過曾經到訪布魯塞爾的朋友，果不其然，結論和 TripAdvisor 做的調查一樣，所以人還沒去，心理建設倒是做得挺完全的。

▲富麗堂皇的布魯塞爾大廣場。

離開旅社後，我走進布魯塞爾市中心，經過一番找尋，總算看見尿尿小童的身影。

▲身長僅五十三公分的尿尿小童雕像（Manneken Pis），從柵欄外看起來相當迷你。

「這⋯⋯」我左思右想，實在找不到一句貼切的話來形容眼前這尊雕像。思考間，一位老婦人拿著相機走近，大聲道：「這就是尿尿小童？也太小一隻了吧！」她大聲向身旁的友人數落眼前這尊雕像，不甘願地拍了幾張照片後，憤恨離去。

不久，一位年輕女子也拿著相機靠近，竟也先說出一模一樣的話：「這就是尿尿小童？」我以為她會像前一位老婦人一樣抱怨幾聲，想不到她竟開心地抓住欄杆，然後大聲讚嘆尿尿小童很有特色，此話一出，我大為困惑，因為我實在看不出這尊小童的亮點，她身旁的男子也無奈地感嘆：「這尊雕像到底哪裡可愛？明明這麼小一隻。」

「就是因為小，所以才可愛啊！」女子拿起相機拍了拍小童，感覺甚是滿意。而男子則一臉嫌棄地站在一旁，想趕快離開這個無趣的景點。

讚美與抱怨的情緒相斥

我站在一旁觀察，發現大家的反應實在很兩極！同樣的雕像，同樣的一聲「哇」，是讚美還是抱怨，竟演變成兩個完全衝突的世界。抱怨的人似乎不能理解為什麼有人要讚美，而讚美的人更加不明白為什麼有人愛抱怨，遊客的兩種情緒，在尿尿小童面前不斷重演。

西歐篇

我站在小童旁左思右想，明明所有人都是抱著期待的心情來到此地，明明所有人都希望抱著愉快的心情離開，為什麼總有些人會大聲埋怨？而埋怨了以後，他們到底又可以得到什麼？看著一雙雙憤恨失望的神情，心中有些困惑，明明還是有很多人覺得小童很可愛呀！他們快樂的神情也全都寫在臉上了呀！這不是每一個人來到這邊，內心渴望得到的情緒嗎？

▲看到小童的第一眼，你是讚美還是抱怨呢？

天使與惡魔的左右互搏

此時，我心裡的惡魔開始感嘆：「唉，我當然希望可以快樂，可是我真的不知道該如何讚美眼前這尊莫名其妙的雕像啊！」

「你真的看不出眼前這尊雕像的任何優點嗎？」心裡的天使這樣問。

「我真的努力了，但還是看不出來，我不懂它到底好在什麼地方！」惡魔嘆了口氣。

「你看看他可愛的身材、奇特的動作、時髦的髮型、放鬆的模樣，還有那滿足的笑容，難道都沒有任何感覺嗎？」

此時，惡魔更加困惑，對天使說道：「親愛的天使，在我眼中，它依然只是個毫不起眼的雕像。」

「沒關係，親愛的惡魔啊！」天使忽然停頓。

「看不懂，不是因為你的雙眼被蒙蔽，而是你還不夠聰明，所以還不知道該怎麼快樂。」

「等一等」惡魔再問：「難道你都不覺得眼前的這尊雕像令人厭惡嗎？看看他迷你的身材、猥瑣的動作、詭異的髮型、慵懶的模樣，還有那副不耐煩的神情，難道你都沒有任何排斥的感覺嗎？」

天使微微一笑，告訴惡魔：「那只是你所投射出來的世界。」

惡魔說：「難道你看到的尿尿小童，才是真實的樣子嗎？」

「不，我看到的也是我自己投射出來的世界。」

惡魔大惑不解，再次問天使：「那，真正的尿尿小童到底長什麼樣子？」

天使耐心解釋道：「沒有人能真正看出這尊雕像的『本質』，我們只能用自己投射出來的觀點，建構眼中所見的世界，進而得出各自的情緒。而我，只是懂得如何建構出讓我快樂的情緒而已。」

波羅的海篇

青春，海角天涯的浪漫逃亡

一切，
從簡單的問候開始
與馬汀的相遇

層層堆疊的屋瓦、曲折古老的街道，彷彿走入童話故事的場景，這裡是愛沙尼亞的首都塔林（Tallinn）。來這裡之前，其實沒有事先規劃行程，因為塔林不大，又打算停留好幾天，所以能悠閒地觀察這座美麗的城市。

▲◀如詩如畫的塔林市容。

波羅的海篇

▲如詩如畫的塔林市容。

▲雄偉的東正教堂（亞歷山大涅夫斯基教堂）。

有趣的是，即使漫無目的地走在巷弄中，卻總是一再遇見一張陌生的臉孔，因為在不同地方不斷相遇，讓我們兩人大感驚奇，於是，他主動走過來和我交談。

　　「今天天氣真不好。」他向我感嘆。

　　「對呀，你是今天才到塔林的嗎？昨天天氣其實還不錯，可是不曉得為什麼今天雲層這麼厚。」

　　「我一早才從維爾紐斯（Vilnius，立陶宛的首都）搭車過來，前幾個月都在實習，好不容易有了假期，才終於有機會到其他國家看看。」

　　「哇！原來你是立陶宛人！可是怎麼感覺不太像。」其實我是隨口亂說的，我根本就看不出來。

　　沒想到他完全沒有懷疑，大聲驚嘆道：「真厲害！你是怎麼看出來的!?其實我是法國人，不過因為立陶宛有個很好的實習機會，所以我才去維爾紐斯。」

　　「咦？你為什麼會想去立陶宛實習呀？法國應該也有很多好的實習機會吧！」我好奇地問。

　　「因為我想趁年輕的時候到遠一點的地方看看，這也是我選擇去立陶宛的原因。」看他一臉認真的模樣，應該不是隨口說說。

　　「對了，你知道今天有一場露天演唱會嗎？要不要一起去看？」他話鋒一轉。

　　「愛沙尼亞的演唱會？當然好啊！」

　　「可是演唱會是傍晚才開始，現在才中午而已。」他說。

　　「那你現在有什麼計畫嗎？」

　　他靈光一現，隨即提道：「不如我們去參加塔林的城市導覽（walking tour）吧！」

　　「好，一起去吧！」

　　那天，我們一起參加了塔林的 walking tour，一起看一場當地的搖滾演場會，一起吃一頓道地的愛沙尼亞料理，雖然我們才第一天認識，但卻有很多聊不完的旅行話題，他頂著一頭金色捲髮，說話很幽默，是我最好的法國朋友——Valerian Martin ！

波羅的海篇

▲和馬汀一起到餐廳用餐。

▲愛沙尼亞特色料理（Eesti Maastik taldr），相當美味！

▲型男馬汀的攝影日常。

愛沙尼亞的美麗與哀愁

以前我對一個城市的歷史並不是很感興趣，但當我和馬汀一起參加塔林的 walking tour 時，卻讓我得到許多意想不到的收穫，解說員曼蒂是愛沙尼亞人，說著一口流利的英式英語，她帶領我們認識塔林，深入走到每個有故事的角落，並介紹這個國家的歷史，沒想到光鮮亮麗的愛沙尼亞背後，其實藏著一道道沉重的歷史傷痕。

「我們曾經先後被丹麥、瑞典、德國、波蘭、蘇聯統治，相較波羅的海其他兩個國家（拉脫維亞與立陶宛）來說，愛沙尼亞經歷的苦難更加漫長，我們走了好長一段路才到今天……」說起這段沉重的歷史時，看得出曼蒂眼神裡的一絲落寞與感傷。

還記得導覽的最後，她帶我們到一處高地，指著城堡上頭的國旗說：「這面國旗，代表愛沙尼亞的權力象徵，雖然經過幾世紀的波折，也先後被很多國家統治，但我們從不放棄希望，現在上頭飄揚的是我們自己的國旗，我們成功地用歌聲讓全世界聽見我們的訴求，最終在蘇聯的反對與壓迫下，用『歌唱』完成獨立建國，我喜歡我的國家，也永遠以身為一個愛沙尼亞人為傲。」說完，曼蒂向我們道謝，此刻不分你我，都用最熱烈的掌聲為這個勇敢堅韌的民族致敬。

▼愛沙尼亞的露天演唱會，場面相當熱鬧，現場會免費發放愛沙尼亞國旗，雖然聽不懂歌詞，但我相信一定和曼蒂說的歌唱革命有關，眾人齊唱的震撼，令我和馬汀非常驚嘆。

▲從瞭望台上遠望的塔林夜景。

鼓起勇氣的剎那

　　當晚，演唱會結束後，我和馬汀一起到塔林高處的瞭望台看夜景，一邊喝啤酒一邊聊天，還記得他跟我說：「我想旅行真的能讓人變勇敢，就像今天我們在不同地方不斷相遇，我其實很高興那時能鼓起勇氣和你交談，我也想過或許你會覺得我很奇怪，因為當時我們並不認識，但我想就是這麼小的勇氣，才讓我們兩人的今天變得如此不同。」

　　他的這番話讓我記到現在，雖然我們都是一個人來到塔林，但正是因為一個人，我們才有機會認識彼此，就像他說的，如果沒有當初那一刻的勇氣，我們可能永遠沒有相交，不會發生今天的種種故事，一切就是從這麼簡單的一句問候開始的，或許今晚道別後，未來的某天還會再見，也或許我們的緣分只到今天，但無論結局為何，我相信這場相遇會在彼此心中留下意義，而凡是在心裡留下過意義的東西，終究會是美麗的。

上天賜予的興趣

有著監獄柵欄門的煎餅店

　　來到愛沙尼亞，氣候相當不穩定，好天氣才持續一天，隔日清晨又開始下起綿綿細雨，起身走向窗邊，見一望無際的雲層壟罩著塔林，心裡便清楚知道這場雨不會這麼快停，幸虧塔林不大，前一天已經和馬汀逛得差不多，還記得城市導覽結束後，我們向曼蒂詢問愛沙尼亞的小吃，曼蒂立刻推薦某間煎餅店，但她不記得店名，僅是說那家煎餅店的門很奇特，像是監獄的柵欄，我倆聽得一頭霧水，她說這家店就在舊城區裡，只要細心找應該可以看到。

　　為了尋找曼蒂推薦的煎餅店，我和馬汀來回穿梭舊城，但仍不見「監獄柵欄門」的蹤影，後來因為演唱會即將開始，我們只好先行放棄。

▼被陰雨壟罩的塔林。

酸中帶鹹的絕妙滋味

　　隔天下午，馬汀來信說他找到煎餅店了，還向我傳了店家地址，建議我離開前一定要記得去吃，我沿著地圖尋找，果真發現一家煎餅店，往店門口一瞧，立刻確定是眼前這家。踏進門後，見店內裝潢溫馨，牆上還有許多平底鍋的造型，相當有特色。拿起菜單，發現煎餅一份要價近 5 歐元，雖然不便宜，但聽馬汀說份量相當足夠，幾番考量後，我選擇 Pannkook hakkliha ja juustuga（起司豬肉煎餅）。不久，服務生送上餐點，看到那餡料滿滿的煎餅，令我大為驚奇，煎至微焦的外皮，搭配濃滑的起司與新鮮豬肉，切下一小塊，沾點清爽的特製水果優格，一口咬下，那酸中帶鹹的滋味堪稱絕妙，想不到煎餅加優格竟會這般好吃！服務生還特地向我詢問餐點是否滿意，我點頭說好，他順勢遞上一杯茶水，貼心地說道：「今天的客人不多，您可以先在這裡殺殺時間，等外頭雨勢小點再離開。」

▲這家煎餅店名叫「Kompressor」，店門真如曼蒂所說，像極了監獄的柵欄。

▲菜單上皆附有英文翻譯，相當貼心。

▲起司豬肉煎餅（Pannkook hakkliha ja juustuga），份量極大，附有一碗水果優格。

寫作不是殺時間

　　服務生的好意關懷讓我深為感動，但最讓我銘記在心的，是他用了「kill time」（殺時間）這個詞。還記得大學時期因為課業繁重，每天被考試和報告追著跑，又得一邊準備英文與德文，幾乎沒有自己的時間，所以也沒有什麼時間好殺的。來到歐洲交換後，課程不多，生活上也多出很多彈性，出發前我就決定要來這裡好好寫作與旅行，這個初衷我從未忘記，所以只要一有空檔，我就會拿筆寫下自己的經歷、想法、感動，回到學校後，再一邊整理照片與文字，一邊學習德文。對我來說，這裡的片刻尤其珍貴，因為我知道這些過程對我來說都是有意義的，而做心中認為有意義的事，永遠不叫「殺時間」，所以旅行不是殺時間、寫作更不是。

▲牆壁上掛著許多平底鍋，鍋裡有各式圖畫。

波羅的海篇

為了優格，旅行一整年？

　　三十分鐘過去，屋外雨勢漸小，用餐的人紛紛離去，而我還坐在原地，握著筆桿認真思考。

　　「先生，您還要吃嗎？」剛才那位服務生，再次走到我身旁。

　　「謝謝你，麻煩幫我收掉。」

　　「餐點還行嗎？」服務生低聲試探。

我大力點頭，道：「相當好吃！尤其是水果優格的搭配，不僅開胃，還可以綜合煎餅的膩味。」

「謝謝！」服務生說。

「謝謝？」

「這個水果優格是我調製的，我是這家店的主廚。」我驚訝地看著他，他說自己從小就非常喜歡吃優格，也喜歡拿優格來結合各種料理，甚至為了要研究出優格好吃的祕訣，還曾經周遊世界一整年！

「就單純為了優格？」我相當訝異。

「是啊！畢竟研究優格是我的興趣嘛。」他驕傲地對我說：「好吃是一定的，我對自己調製的優格非常有信心，畢竟為了這獨特的祕方，我可是跑遍全世界啊！」

未被觸發的喜歡，何處尋起？

那一刻我終於明白，主廚在發現了自己的興趣後，他的追求才正式開啟了意義，興趣是他向前的源頭，他喜歡優格，就像我喜歡寫作一樣，雖然我無法體會研究優格時的快樂，但我知道他在研究優格時，一定和我寫作的當下有同樣的感覺，我們心裡都明白自己想要什麼，正在往何處前進，所以一路上再辛苦，我們也都甘之如飴。

只是我總會好奇，是否每個人的心中，都擁有某個未被觸發的喜歡？是否每個人的心中，都隱藏著某個上天賜予的興趣？如果真的有，那個能讓你渾然投入，甚至不惜一切代價也要探究到底的事情又會是什麼？是優格，還是煎餅？是寫作，還是旅行？而屬於自己的那個喜歡，又該從茫茫宇宙中的何處尋起？就算有人告訴你他找到了，那證明的，又會是誰的答案？種種問題從腦海中閃逝而過，但時至今日，除了「不斷嘗試」這個通俗的藥方，還有沒有更有邏輯的解答？我仍深感好奇。

藝術的因果邏輯

波浪般的流動線條？

▲看不到一條直線的維也納百水公寓（Hundertwasserhaus）。

除了舊城區，里加（Rīga）的新藝術建築群也是世界遺產之一，拉脫維亞旅行的最後一天，我打算好好來欣賞這些新藝術建築，探訪前，我研究了一下新藝術建築的特色，好讓自己可以從中理解出一點什麼，後來終於找到了線索，所謂的新藝術風格，指的是「波浪般的流動線條」。當時心裡第一個想到的是維也納的百水公寓，因為奧地利藝術家百水先生秉持的創作理念非常清晰：「沒有直線」。我特別喜歡這樣的解釋，因為甚好理解他的設計精神，欣賞時也能立即抓住重點。

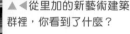
▲◀從里加的新藝術建築群裡，你看到了什麼？

　　但走進里加的新藝術建築群裡，心裡一陣困惑，所謂「波浪般的流動線條」，究竟該從建築中的何處理解？從字面上來說，波浪就是沒有直線，可是這裡的建築有稜有角，似乎不能這樣解釋，難道「波浪般的流動線條」指的是某個奇特的地方而非建築？站在濃蔭下，我仔細思考著。

波羅的海篇

禪繞畫的抽象精神

像這樣的抽象理解，我有一個相當奇特的經驗。還記得以前在因緣際會下，意外接觸到一個有趣的領域——禪繞畫（Zentangle）。當時，我很好奇禪繞畫是什麼？後來老師向我們解釋了它的定義：「所謂的禪繞畫，聽起來是很佛家的名詞，不過其實跟佛教沒有任何關係，創辦人是一對美國夫妻，他們將東西方人生哲理、生命智慧、藝術創作交互融合，發展出一套引導人們於日常生活中進行容易學習又有趣的藝術創作，強調做中學的概念。」

我想此時你一定也和我一樣滿腹疑惑，不能理解禪繞畫到底是什麼，我舉手再請教老師，她接著從禪繞畫的特性解釋：「所謂的禪繞畫，是好玩的、放鬆的、直覺式的、有步驟的、有創意的、不具像的、沒有方向性的、不會知道結果的……」聽完之後，我更疑惑了，如此繁複的特性，到底哪個才是禪繞畫的核心精神？我心裡期待能聽見一個如「百水精神」般的簡單答案，最後，老師又認真地說：「其實禪繞畫宣揚的精神，就是人人都是藝術家、不互相評價比較、沒有錯誤（手繪禪繞圖時不能使用橡皮擦）、簡單的事情重複做會變得不簡單……」

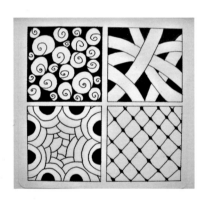

傳遞精神的核心

想當然，即使老師極力解釋，我還是不懂什麼是禪繞畫，這就像以前有一種東西叫《快樂心經》，裡頭寫道：「不埋怨，要感恩；不貪心，要知足；不煩惱，要樂觀；不爭功，要分享；不記恨，要寬恕；不批評，要讚美……」裡頭總共密密麻麻列了九十六個字，第一次看到時，心裡忍不

住發笑，不是它寫得不對，而是要怎麼快樂，它幾乎從各方面全都講了，而結果，又有多少人願意以裡頭的九十六字警語作為快樂的準則？傳遞一種精神時，若找不到一個核心概念，為了周全什麼都說，似有解釋而無解釋，到頭來，看完不也依舊令人茫然？

　　看著里加的新藝術建築群，我仔細思考，所謂「波浪般的流動線條」指的會是什麼？而眼前的建築設計，若真的藏有一個核心精神，那又會是什麼？我用力瞪大眼睛，凝視著這些人物的輪廓，似乎找到了藏在細節裡的魔鬼，原來那個流線，重點在臉龐！在這些神話人物的臉部雕刻上，真的找不到一條「垂直的直線」！發現細節的瞬間，情緒甚是激動，那感覺就像在森林中，赫然發現一片隱世的桃花源，心裡頓時湧起一股滿滿的成就感。

感受與邏輯

　　站在里加的新藝術建築群旁，我仔細觀察著雕像臉部的線條，並思考著設計者的核心精神，難道和百水先生的理念一樣，認為「直線」太過「刻意」，所以違反了「自然」嗎？我暗自思考「直線」這個概念是什麼，閉上眼睛，我會想像自己站在一條向前無限延伸的公路上，這條公路，或許可以意味著「單調」、「乏味」、「有序」，甚至「永恆」，但為什麼，我會無法理解成「刻意」呢？後來，我才慢慢想通一個道理，藝術之於現實，或許就像抽象之於具體，它重感受，卻不講邏輯，而正因為不講邏輯，所以人無法強制用理性去歸因，它更在意的，應該是「我的感受，你同不同意」，所以「能不能認同」（而非理解）別人的感受，才是藝術的因果邏輯，而正因為感受太主觀且因人而異，故其核心精神，才會無法被任何人給直接定義。

▲新藝術建築的人物雕刻，看不到任何一條直線。

我們還是會為你禱告的

雪白的大理石教堂

「哇！」我站在雪白的大理石教堂前，不由自主地發出讚嘆。

我對維爾紐斯的大理石教堂印象格外深刻，它的特色，是白。歐洲大部分的教堂是非常華麗精細的，以至於每次欣賞，都會有種不知該從何看起的感覺，畢竟處處都是色彩繽紛的雕刻與壁畫，但自己的腦海裡卻無法容下每一處細節，所以觀看時會產生一種混亂，因為找不出一個明確的主題來記憶它，最後只好用「厲害」這個模糊的字眼簡單帶過。不過，維爾紐斯的大理石教堂特色是「徹底的白」，這和一般歐洲的教堂給人的感覺差很多，少了五光十色的干擾，潔白的色調，反倒讓人看得舒服自在，而帶著愉悅的情緒去觀賞時，其實無論看到了什麼，都會覺得是一種享受。

帶著愉悅的心，我走進大理石教堂裡，有位牧師正在講道，底下的眾人手持書本，一起跟著前方的牧師閱讀，講台旁，有位男孩正在練習吉他，他悶著音，相當認真地練習，幾乎沒有理會台上的牧師，那個畫面，讓我回想起了那一年的教會時光。

▲純白的維爾紐斯主教座堂，看起來相當舒服。

波羅的海篇

教會裡的練琴歲月

　　還記得幾年前，我曾在教會裡待了將近一年的時間，不過我不是基督徒，當時只是想跟著一位老師學吉他，而正好這位老師在教會裡服侍，所以我才誤打誤撞地進入教會。幸運的是，我遇到了一位好老師，他很用心且毫無保留地教我，幾個月後，他問我是否能上台幫忙伴奏詩歌，我搖搖頭說自己不行，他說我可以辦得到，要相信自己的能力，最後，我答應了。

▼黃昏時分，雪白的主教座堂被夕陽染上一層淡薄的金黃。

當時我還未滿十八，正值血氣方剛的年紀，也沒有打算認真去接觸聖經，所以每當詩歌伴奏一結束，牧師要上台講道以前，我便會從後門悄悄離開，但老師從未阻止我，也從未質疑我編造的任何理由，只是偶爾說道：「如果你哪天想聽的話，可以在伴奏結束後留給牧師三十分鐘，試著去理解，如果不喜歡的話，也可以隨時離開。」但我從未給過這三十分鐘，因為當時一心只想練好吉他，而且覺得自己對聖經的內容肯定沒興趣，那是當時的我，自以為是的放肆與成熟。

就算你不受洗，我們還是會為你禱告的

一年後，因為要到臺北求學，我離開了教會。最後一次伴奏前，牧師問我要不要受洗（基督教的受教儀式），我搖搖頭，老師跟牧師說沒關係，不要勉強我，我跟老師說等等伴奏結束後會留下來聽牧師講道。想當然，我無法理解牧師講的故事，畢竟當時我連亞當和夏娃是誰都不知道，眼看禮拜時間就快結束，牧師放出最後一張投影片，那張投影片上有許多名字，到那時我才知道牧師每週都會幫教會裡的每一個人禱告。忽然間，我在上頭看到了我的名字，當時我相當震驚，立即轉身問老師：「我的名字是一直都有在上面嗎？」老師點點頭。「可是，我不是沒有受洗嗎？」老師說：「你曾經是我們教會裡的一份子，就算你不受洗，我們還是會為你禱告的。」

我回過身，低下頭，想不到自己那自以為是的放肆與成熟，讓我到最後一刻才知道老師與教會對我的寬容，我抬起頭看著螢幕，耳裡傳來牧師為我祈禱的聲音，想著即將離開的教會，以及坐在後方的老師，我相當羞愧，也相當感激。離開前老師叮嚀我：「如果在臺北有遇到喜歡的教會，還是可以去看一看，那裡的教會比這裡大很多，你一定也可以學到很多的。」我向老師鞠了躬，謝謝他教我吉他，還給我上台伴奏的機會，老師拍拍我的肩膀，祝我離開教會後一切順利。

波羅的海篇

▲光線下，教堂頂端的十字架，竟閃耀著璀璨的光輝。

他的生命，更值得被祢溫柔以待

我站在維爾紐斯的大理石教堂裡，低下頭，閉眼禱告。

「親愛的主耶穌，雖然我不是基督徒，但我很慶幸自己曾經去過教會，還遇到了這麼棒的老師。」

「老師曾對我說，我得到的一切，或許都來自祢的賞賜，我要先向祢道歉，因為至今我依然懷疑。」

「不過我始終覺得自己是幸運的，是受天眷顧的兒女，」

「所以，如果這一切是祢在天上顯靈，也請祢一定要保佑對祢全然相信的，我的老師，因為我曾受恩於他，是因為他，我才學會了寬容。」

「而如果，如果祢的使命是要世人學會寬容，老師替祢教導了我，所以他的生命，更值得被祢溫柔以待。」

「阿們。」

維爾紐斯的印度女子
女孩臉上的鮮紅唇印

　　雨後，天空漸漸變紅，坐了將近四小時的車到立陶宛，離開巴士的剎那，空氣中還瀰漫著一股濕冷的清香。

　　故事發生在維爾紐斯的背包客棧，推開房門，一位爽朗的女士熱情地跟我打招呼，聽那口音，馬上猜出她是印度人，看她的年紀應該將近三十了，床位旁有一只大行李箱，行李箱旁掛著一套正式的服裝，東西又多又雜，看起來像是住很久的感覺，她的床位在最角落，偌大的房間裡，只有她一個人。

▲立陶宛首都・維爾紐斯。

「妳是來旅行的嗎？」我問。

「不，我是來這裡出差的。」

「出差？為什麼來出差卻帶著這麼大的行李箱呀？」我順手指那個看起來像二十九吋的大行李箱。

「因為我要在這裡待一年。」她的語氣很平淡。

「一年!?」我不可置信地看著她。

「沒錯。」她終於笑了。

後來，她小心翼翼地從枕頭下拿一張照片要給我看。

「嘿！你猜這是誰？」她指著照片裡的小嬰兒，那嬰兒躺在一位女士的懷裡，雙手抱著奶瓶，看著鏡頭，露出燦爛的微笑，女孩爽朗的笑容，和這位女子幾分相似。

「哇！這是妳的女兒嗎？」

「沒錯，她目前三歲而已，很可愛對不對？」女子很開心。

「真的跟妳很像呢。」我接著問：「妳說妳要來立陶宛出差一年，那已經待了多久？什麼時候可以回印度呢？」

「我下週就可以回去了！」她滿心期待地說：「我在這間旅社待了將近十個月，雖然我很喜歡立陶宛，不過印度才是我的故鄉，我的女兒還在等我，等工作一結束，我就要立刻回去看她！」她的手，用力緊握著照片。

「恭喜妳，再過不久，妳的願望就能實現了。」

▼維爾紐斯舊城區外，能清楚看見高樓大廈，
和舊城的鮮紅屋瓦成強烈對比。

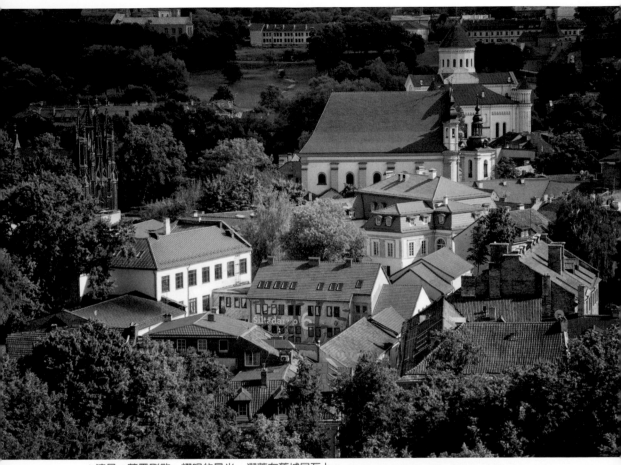

▲清晨，薄霧剛散，耀眼的晨光，灑落在舊城屋瓦上。

　　隔日清晨，天未亮，在睡夢中被來回的腳步聲吵醒，我看見一個女子正要離開房間，站在門前，她猶豫了一會兒，接著走回床頭，彎下腰，拿起一張薄紙，輕輕印上一吻。

　　「再見。」她喃喃低語，然後轉身離開。

　　等我再次醒來，房間內已空無一人，女子的套裝沒在架上，走近她的床頭，枕頭旁還放著昨晚她拿給我看的照片，女孩稚嫩的臉上，印著鮮紅的唇印。

互相馴服，找到歸屬

看著那張照片，我想起了童書《小王子》裡狐狸與小王子相遇時的橋段，狐狸告訴小王子：「對我來說你還只是個小男孩，就像其他千萬個小男孩一樣，我不需要你，你也不會需要我。對你來說我也不過就是一隻狐狸，和其他千萬隻狐狸是一樣的。但是如果你馴服了我，我們就互相不可缺少了，對我來說，你就是世界上唯一的，而對你來說，我也是世界上唯一的了。」

照片裡的小公主很幸運，因為她一出生，便擁有了願意全心守護她的狐狸，對狐狸來說，公主已經是心中不可缺少的了，在流淌的時光裡，不斷的聚散離合中，這位印度女子找到了屬於她與另一個生命的羈絆，只是照片裡的公主還小，還不能理解女子對她的愛，但我相信女子總有一天也會馴服照片裡的公主，成為公主心中不可缺少的唯一，就像小王子與狐狸那樣，彼此付出過真心，相互建立了情感，於是，才真正馴服了對方。

童話的本質是希望，而不是謊言

你可能會說這只是童話，童話裡都是騙人的，現實或許根本不是這樣，對此我承認。你可以質疑童話，甚至討厭童話，但請別試圖去傷害別人的童話，因為童話代表著希望，而希望的本質是美好的，它沒有刻意要扭曲任何事，也沒有刻意要欺騙任何人，只是它知道，人可以在充滿黑暗的現實裡生活，但卻無法活在失去希望的世界中，哪怕多活一天，童話的本質從來就不是謊言，它以前存在過，至今也從未消失，它會存在，是因為還有人願意相信它背後乘載的光，童話還沒死去，希望就還沒死去；希望還沒死去，人的心，就還沒真正死去。而我始終相信童話（希望）的力量，會持續守護著單純的小王子與狐狸，守護著旅社裡的印度女子，守護著你和我，以及世間所有善良的千萬生命。

謝謝妳在最後一刻出現
這班巴士是往機場的嗎？

「你好，到哪裡？」售票員問。

「到機場。」

「好，請到前方月台直接上車。」

凌晨五點半，我拉著行李走向巴士，準備離開立陶宛。上車後，見車內空無一人，我隨意找個位子坐下，望向窗邊月台，

▲清晨，從無人巴士上望向月台，空蕩而冷清。

僅有一名婦人獨坐在月台邊的一張單人椅上，她閉著雙眼，兩手交叉抱胸，我短暫凝望後，她忽然睜開眼睛，正好與我四目交會，我立即撇開頭。

▲維爾紐斯公車總站外。

波羅的海篇

「這班巴士是往機場的嗎？」我一抬頭，竟是剛才坐在月台上的婦人。

「是。」

「謝謝。」她和我坐在同一排，手裡提著一大包行李，看似是要出國。

「請問您要去哪裡？」我開口問她。

「我要去日本找我兒子，他在東京讀大學，他要我去參加他的畢業典禮，我也想趁機去亞洲看一看。」

眼前的她，是一位相當美麗的婦人，目測四十出頭，舉止優雅得體，但歲月已在她皺摺的掌中留下一些證據，仔細一瞧，她的指間掛著戒指。我心裡暗自猜想：「結了婚，卻是一個人搭飛機前往日本，這是怎麼回事？」我沉默片刻，再道：「妳的兒子真優秀，有辦法到日本讀書。」

「他從小就嚮往東方文化，也很喜歡學語言，當他說要去日本讀大學時，我們都嚇一跳。」

「我們？」此話一脫口，才驚覺來不及收回，心裡一陣慌亂，怕不小心激起她不好的回憶，連忙道：「對不起。」

想不到她只是看著我，側著頭說：「對啊！怎麼了嗎？」

「沒事。」我隨即接著說道：「是我想太多了。」

此刻，她的唇角微微上揚，看似已經察覺到我的心思。

「你真貼心。」

▼雨後，近六點，開始有旅客緩緩出現。

還有一位乘客還沒有上車！

此時，距離發車時間還有十分鐘，車上依舊沒有其他乘客，我順口說：「司機還真慢呢……」

「司機……」她瞪大雙眼，緊接著發出「啊」的一聲。

「糟糕，我覺得有問題，這班車應該不是去機場的。」她立刻站起來，開始收拾行李。

「什麼？」我一臉錯愕。

「司機不可能在出發前十分鐘還沒出現，而且車上沒有其他乘客也不太合理。」她機警地站了起來。

「我去櫃檯問問看售票員好了，你在這裡等我一下。」說完，她立即跑下車。

我趕緊收拾行李，走下巴士，走到月台邊時，忽然發現遠處停著一輛車，比廂型車稍大一點。

「不會是那台吧！」我跑向前一看，天呀！還真的是！上頭寫著「往維爾紐斯機場」。

車子裡頭司機問道：「上車嗎？我們要出發了。」

「這輛車，是往維爾紐斯機場的嗎？」我再次向司機確認。

「沒錯，因為這是一天的首班車，乘客較少，所以不會開到大巴士。」

我一臉錯愕地站在車門前，心想竟然還有這種事。

「你要上車嗎？我要發車了喔！」司機已經發動了引擎。

「要！但是請等一等！還有一位乘客還沒有上車！」

「我們到機場的巴士是不能等人的，時間一到就要發車，因為還要配合其他旅客的時間，大家都要趕飛機。」

「我知道……可是……」我望向那台無人的大巴士，深怕那位女子又上錯車了，可是依然不見她的蹤影。

天使與惡魔的拉扯

早上六點整，司機請我趕快上車，要出發了。

「請再等等，再一下就好……」我一邊拜託司機，一邊不斷回頭，等待那位女士的出現。

「最多再等三分鐘，三分鐘後一定要走，我不能違反公司規定。」

「不好意思，謝謝你！」語畢，我立即衝向那台大巴士，確認裡頭空無一人，心裡焦急地想：「那位女子到底上哪去了？」

「難道，是去售票亭了？」衝向前的那一刻，我猶豫了，因為售票亭離月台不近，三分鐘一定來不及回來，到時候我也上不了車了。

「該怎麼辦……」我站在無人大巴前，眼看剩下一分鐘了，天人交戰的時刻，我到底該選擇放棄尋找那位女子，自己先上車，還是去售票亭看一眼，確認她是否還在？

「上車吧！」心裡的惡魔說道：「別等她了，你去售票亭也不見得找得到她，到時候連你自己都趕不上飛機！」

「不行！你一定要找到她，是你當時讓她跟你一起上錯巴士的，如果她沒有搭上這班往機場的巴士，最後沒搭上飛機的話，你也有責任！」心裡的天使向我抗議。

「快上車吧！如果你去了售票亭，發現她根本不在，你也跟著趕不上飛機，到時會是一場災難啊！」

「你想一個人離開，然後內疚一輩子嗎？她如果不跟著你上那班無人巴士，現在早就該在那班前往機場的車上了！」天使憤怒地說。

「不要管別人了，來不及了，快給我上車！到時候我再教你怎麼說服自己不要內疚！」惡魔向我大吼。

媽！快點啊！

剩下一分鐘，司機已經在倒車準備離開，我準備朝車子奔跑，在快放棄的那一刻，女子慌慌張張地從售票亭的那扇門裡出來。

「嘿！！」我向她大喊。

「售票員說車子開走了！」女子神情極為失落。

「不！還沒！我知道車在哪裡！快跟我跑！快！」我聲嘶力竭地向她大吼，接著轉身朝著巴士奔去，一邊跑一邊向司機大喊：「等一下！上車！」此時，巴士已開到彎角處，準備離開總站，我不斷向前狂奔，幸好遇到一個紅綠燈，司機緩了下來，打開車門讓我進去。

我站在車門前，不斷回頭向那位女子大喊：「快點！」

「叭」的一聲，往前一看，竟然已經綠燈了！司機被後面的車輛按喇叭後，生氣地看著我，要我快點上車，我看著一邊拉著行李一邊奔來的女子，想起了她在無人巴士上，那張期待見到兒子的臉龐，瞬間聯想到媽媽一個人從臺灣來歐洲找我時，在蘇黎世機場見到我的那一刻，臉上雀躍無比的模樣。

「快點！」我猶豫片刻，直接大喊：「妳快點！媽！」

「媽！快點啊！」忽然間，四周一片寧靜，司機沒有講話，喇叭聲也靜止下來。

等女子快到時，我衝向前抓住她的手，終於進了巴士。

「你……」上車後，那位女子看著我，司機及車上乘客全看著我。

「妳跑去哪了啦！妳要我自己一個人去機場嗎？」我努力把戲演完。

女子滿頭大汗，但似乎已經察覺到我的心思。

「傻孩子……」女子接著道：「你真貼心。」

回到位子後，她不斷向我道謝，說：「還好你沒有丟下我。」

我向女子搖搖頭說：「不，我才該謝謝妳，謝謝妳在最後一刻出現了。」因為我知道自己在那個瞬間，選擇靠近的……是惡魔。

波羅的海篇

永遠的風祭精神

渾然投入一件事情，是危害，還是拯救？

　　拖著行李走進維爾紐斯機場，這裡是交換學生旅程的終點，離開前，心裡倒是挺平靜的，沒有什麼熱血澎拜之情，坐在大廳，靜靜等待離境，其實這趟旅程，讓我學到最多的，是感激。我時常覺得自己是個幸運的人，因為我知道在這個世界上，能找到一件自己真心喜歡的事情，並且渾然投入去做，其實是非常難得的，所以我很珍惜愛上某件事情的短暫時光，畢竟我們誰都不能保證自己會在什麼時候喜歡上什麼，交換、旅行、寫作、出版，還有更早以前的臺灣小三鐵……這每一步，都是憑藉著自己短暫的熱愛，拿青春拿汗水拿孤單一點一滴換來的，即使為此失去了很多，但我甘之如飴。其實我也很希望你能自己去感受一場交換的魔力，不過又害怕你無法像我一樣承擔這麼多代價，畢竟我不知道你正在經歷什麼，要你拋開一切，渾然投入一件事情，是危害，還是拯救？我實在沒有答案。

交換學生的種種質疑

　　其實為了申請交換，我犧牲了很多，我想我大概是整個系上唯一一個敢在三下有專題與畢業壓力時還出去交換的學生吧！有人問：「為什麼你要這個時候去交換？」、「你知道你三下出國，所有的課必須移到四下修，如果不幸沒過，還要再延畢一年嗎？」（而這件事還真的莫名其妙發生了）、「你知道你的專題還沒做，不做不能畢業嗎？」、「你知道回來之後很難找到認識的人跟你一組嗎？」、「你知道問題有多嚴重嗎？」、「你知道你瘋了嗎？」，很多人問為什麼，但我通常只會說我有非交換不可的理由，我想完成和老師之間的約定、我想帶媽媽去阿爾卑斯山旅行、

我想抓住這片刻癡迷的感覺、我想知道自己可以從這趟旅行得到怎樣的成長，最重要的是，我想知道自己真心喜歡的寫作與旅行，最遠可以帶我走到哪裡？

預支夢想的代價

當然，現實還是殘酷的，回到學校後，馬上就遇到了種種難關，我要補修三下所有課程，可是同屆的朋友都已經修完，很多課我必須自己和學弟妹修。還記得我當時需要修一門實習課，那堂實習課是分班上課的，換言之，全班應該都彼此認識。那天我拿著課程加簽單站在教室外面，課程還沒開始，助教尚未出現，我拿著加簽單從後門走進去，一踏進門，所有人都以為我是助教，他們用狐疑的眼神看著我，一眼望去，全是陌生的臉孔，我默默地走了出去，然後再踏進教室一次，大家又回頭看我，進出幾次後，我乾脆就站在教室外等助教，因為一個人拿著課程加簽單站在教室後面實在太奇怪了。而我，又怎麼好意思說我是大四的學長要來加選呢？站在教室外，看著天空，我努力說服自己，這是預支夢想的代價，既然選擇了，就要瀟灑、孤獨地向前。

那個夢，還沒有消失

有人說，回憶如長河，但也有人說，逝水如斯，一個人無法重覆踏入同一條河中兩次，我知道那場華麗的冒險，注定是回不去了。回憶很珍貴、但現實也總得要面對，身旁的朋友已經邁開新的步伐，往各自選擇的道路前進，而我還在徘徊留戀，所以你說，要我趕緊面對現實，不要沉溺在這裡。可是我無法釋懷，畢竟回首來時路，那些場景，那些聲音與氣息，我還能記得它對我的意義，所以讓我再回頭望一眼就好，讓我知道在我的心裡，那個旅行與寫作的夢想還在，它還沒有消失。

後記

▲交換旅程的終點站──維爾紐斯國際機場。

你要一心一意，傾盡所有去追尋啊！

　　始終記得，《哨聲響起》是我最喜歡的漫畫，我的偶像不是蝙蝠俠、蜘蛛人、鋼鐵人、美國隊長等超級英雄，而是《哨聲響起》裡熱愛足球的男主角風祭將，還記得他的前隊友阿成曾經這樣形容他：「無論是練習或比賽也好，任何時候也總是那麼認真，對足球專注的令人吃驚，完全不懂『放棄』為何物。那傢伙的足球，是傾注了他整個人，他整個生命。這樣子的足球，如何能不魅惑人心？」風祭對足球的愛是毫無保留，也毫無理由的，我相信這是本能，而且也是上天能賜予一個人的，最珍貴的禮物。

　　還記得漫畫裡的某一段，描述風祭遇到了以前很照顧他的山本老師。
　　山本老師問風祭：「畢業以後都沒再見到你了！你長高了啊！新學校（武藏森）如何？」
　　「老師，對不起，我離開了武藏森。」風祭低下頭（註：武藏森學園是一所足球名校，風祭雖然考上了，但球技不好，一直沒有上場踢球的機會，於是便轉到了櫻上水中學）。
　　山本老師盯著風祭，問道：「你後悔嗎？」
　　風祭搖搖頭，說：「來到這所學校，我能一償宿願踢足球，結識到好的隊友，我不後悔！」
　　「風祭啊，你的夢想是當足球員吧？」
　　「是。」
　　「那麼，就不能把目標和目的混淆喔！」
　　「？」風祭抬起頭，看著山本老師。
　　「重要的不是該怎樣做，而是為何要那樣做。」山本老師的話，一字一字地傳進風祭耳裡。
　　「當你開始迷惘時，試著回想走過的路，恢復當初的心情。」山本老師摸著風祭的頭髮，說道：「你為何以職業球員為目標？當上以後又想做什麼？好好想想吧！」

後記

接著，山本老師彎下腰，看著風祭的雙眼，對他說：「只有能堅持當初志向的人，才能達成理想。你要一心一意，傾盡所有去追尋啊！」

　　看著山本老師的眼睛，風祭回想起當年，他抱著足球時，老師和他說的那番話。

　　「風祭，你喜歡足球嗎？」

　　「喜歡！我想踢得更好，比誰都踢得好！」

　　「是嗎？」山本老師彎下腰，摸著風祭的頭髮。

　　「你一定做得到的，風祭將。」看著風祭的眼睛，山本老師露出了慈祥而堅定的微笑。

　　所以出發吧！去做那些你真心喜歡的事情，即使失敗了，你也會置身於美麗的繁星之中。

Shoot for the moon, even if you miss, you'll land among the stars. （名言出自 Les Brown）

後記

國家圖書館出版品預行編目資料

那些旅行教我的事 / 蔡俞群作. -- 初版. -- 臺北
市：華成圖書，2018.05
　面；　公分. --（讀旅家系列；R0102）
ISBN 978-986-192-322-2（平裝）

1. 自助旅行 2. 歐洲

740.9   107003995

讀旅家系列　　R0102

那些旅行教我的事

作　　者／蔡俞群（魚群）

出版發行／華杏出版機構

華成圖書出版股份有限公司
www.far-reaching.com.tw
11493台北市內湖區洲子街72號5樓（愛丁堡科技中心）
戶　　名　　華成圖書出版股份有限公司
郵 政 劃 撥　　19590886
e - m a i l　　huacheng@email.farseeing.com.tw
電　　話　　02-27975050
傳　　真　　02-87972007
華 杏 網 址　　www.farseeing.com.tw
e - m a i l　　adm@email.farseeing.com.tw
華成創辦人　　郭麗群
發 行 人　　蕭聿雯
總 經 理　　蕭紹宏

主　　編　　王國華
責 任 編 輯　　楊心怡
美 術 設 計　　陳秋霞
印 務 主 任　　何麗英
法 律 顧 問　　蕭雄淋・陳淑貞

定　　價／以封底定價為準
出版印刷／2018年5月初版1刷

總 經 銷／知己圖書股份有限公司
　　　　　台中市工業區30路1號　　電話　04-23595819　　傳真　04-23597123

讀者線上回函
您的寶貴意見
華成好書養分